# DIE AUTORINNEN

**Karin Albrecht**

Grundausbildung in klassischem und modernem Tanz, Körpertherapie und klassischer Massage. Weiterbildungen in Hypnosetherapie, Ernährungs-, Stoffwechsel- und Trainingslehre.

Karin Albrecht entwickelte eine Stretching-Methode, die intensives Dehnen, hohe Konzentration, Körperbewusstsein und Entspannung vermittelt. Seit über 23 Jahren unterrichtet sie Stretching, Körperhaltung, Sensomotorik und Entspannungsverfahren.

Sie leitet die „star – school for training and recreation" –, eine der wichtigsten und größten Schweizer Ausbildungseinrichtungen für Aerobic-, Fitness- und Stretching-Trainer, und sie ist dort selbst als Ausbilderin tätig und für Kursinhalte und Schulung des Ausbildungsteams verantwortlich: www.star-education.ch .

Als Referentin konnte sich Karin Albrecht im ganzen deutschsprachigen Raum einen hervorragenden Namen machen. Die Autorin hat bereits mehrere erfolgreiche Fachbücher veröffentlicht; unter anderem „Körperhaltung" und zusammen mit Stephan Meyer „Stretching und Beweglichkeit – Das neue Expertenhandbuch", beide anerkannte Lehrmittel im deutschsprachigen Raum.

**Dr. Petra Mommert-Jauch**

Dr. Petra Mommert-Jauch ist diplomierte Sportwissenschaftlerin und als Lehrbeauftragte an der Universität Karlsruhe tätig.

Als Sportfachreferentin auf internationaler Ebene und in ihrem eigenen Institut für Sport und Rehabilitation (ISR) arbeitet sie außerdem praktisch v. a. im sporttherapeutischen Bereich. Hierfür hat sie Konzepte wie „Die große Nackenschule", „Knie- und Hüftschule" („Endoprothesen-Schule") oder auch die „Geh- und Walkschule" entwickelt; hier ist sie auch als Ausbildungsleiterin für Rückenschullehrer tätig. Sie ist Autorin mehrerer Fachbücher (z. B. „Körperwahrnehmung und Schmerzbewältigung").

In ihrer Funktion als Geschäftsführerin des Deutschen Walking Instituts (DWI – www.walking.de) entwickelte sie das einzige wissenschaftlich evaluierte Nordic-Walking-Manual für Experten.

# Walking-Stretch

Karin Albrecht
Petra Mommert-Jauch

161 Abbildungen

Karl F. Haug Verlag · Stuttgart

Bibliografische Information der Deutschen Bibliothek

Die Deutsche Bibliothek verzeichnet diese Publikation in der Deutschen Nationalbibliografie; detaillierte bibliografische Daten sind im Internet über http://dnb.ddb.de abrufbar.

Anschrift der Autorinnen:

Karin Albrecht
star – school for training and recreation
Seefeldstraße 307
8008 Zürich, Schweiz
E-Mail: karin.albrecht@star-education.ch

Dr. Petra Mommert-Jauch
Deutsches Walking Institut DWI
Luisenstraße 4
78073 Bad Dürrheim
E-Mail: mommert-jauch@freenet.de

**Wichtiger Hinweis:** Wie jede Wissenschaft ist die Medizin ständigen Entwicklungen unterworfen. Forschung und klinische Erfahrung erweitern unsere Erkenntnisse, insbesondere was Behandlung und medikamentöse Therapie anbelangt. Soweit in diesem Werk eine Dosierung oder eine Applikation erwähnt wird, darf der Leser zwar darauf vertrauen, dass Autoren, Herausgeber und Verlag große Sorgfalt darauf verwandt haben, dass diese Angabe **dem Wissensstand bei Fertigstellung des Werkes** entspricht.
Für Angaben über Dosierungsanweisungen und Applikationsformen kann vom Verlag jedoch keine Gewähr übernommen werden. **Jeder Benutzer ist angehalten,** durch sorgfältige Prüfung der Beipackzettel der verwendeten Präparate und gegebenenfalls nach Konsultation eines Spezialisten festzustellen, ob die dort gegebene Empfehlung für Dosierungen oder die Beachtung von Kontraindikationen gegenüber der Angabe in diesem Buch abweicht. Eine solche Prüfung ist besonders wichtig bei selten verwendeten Präparaten oder solchen, die neu auf den Markt gebracht worden sind. **Jede Dosierung oder Applikation erfolgt auf eigene Gefahr des Benutzers.** Autoren und Verlag appellieren an jeden Benutzer, ihm etwa auffallende Ungenauigkeiten dem Verlag mitzuteilen.

© 2006 Karl F. Haug Verlag in
MVS Medizinverlage Stuttgart GmbH & Co. KG
Oswald-Hesse-Str. 50, 70469 Stuttgart

Unsere Homepage: www.haug-verlag.de

Printed in Germany

Fotos: Daniel Käsermann, Worben, Schweiz
Zeichnungen: Melita Gaupp, Nänikon, Schweiz;
  Abb. 1.17 und 1.18: Albrecht K, Meyer S: Stretching und Beweglichkeit. Das neue Expertenhandbuch. Stuttgart: Haug; 2005
Umschlaggestaltung: Thieme Verlagsgruppe
Satz: OADF, Holzgerlingen
Druck: Westermann Druck Zwickau GmbH

ISBN     3-8304-7240-4
ISBN 978-3-8304-7240-7

1 2 3 4 5 6

Geschützte Warennamen (Warenzeichen) werden **nicht** besonders kenntlich gemacht. Aus dem Fehlen eines solchen Hinweises kann also nicht geschlossen werden, dass es sich um einen freien Warennamen handelt.
Das Werk, einschließlich aller seiner Teile, ist urheberrechtlich geschützt. Jede Verwertung außerhalb der engen Grenzen des Urheberrechtsgesetzes ist ohne Zustimmung des Verlages unzulässig und strafbar. Das gilt insbesondere für Vervielfältigungen, Übersetzungen, Mikroverfilmungen und die Einspeicherung und Verarbeitung in elektronischen Systemen.

# VORWORT

Liebe Leserin, lieber Leser,

Walking ist schon lange keine Trendsportart mehr, sondern ein wissenschaftlich fundierter Gesundheitssport. Das Deutsche Walking Institut DWI bemüht sich, auch für Nordic Walking die Qualitätskriterien eines Gesundheitssports nachzuweisen. Gerade bei unserer immer älter werdenden Bevölkerung, die zunehmend an Bewegungseinschränkungen und körperlichen Beschwerden leidet, sind sanfte und dennoch effektive Sportarten die Basis der Gesunderhaltung und der Lebensqualität. Es ist wissenschaftlich gesichert, dass moderat betriebener Sport, der vielfältige Reize umfasst, auch vielfältige gesundheitsfördernde Effekte besitzt.

Walking und Nordic Walking bieten bei richtiger Trainingskonzeption die große Chance, ein Ganzkörpertraining zu sein. Nur bei funktioneller Technikausführung und einem rundum vielfältig angelegten Training kann ein wertvoller gesundheitlicher Nutzen erreicht werden.

Dieses Buch ist für alle, die walken und selbst andere (Nordic) Walker anleiten. Es schließt eine wichtige didaktische Lücke. Beweglichkeit ist die Grundvoraussetzung jeglicher Bewegung. Beweglichkeit ist Gelenkhygiene pur. Beweglichkeit ist die Voraussetzung zur Kraftentwicklung. Beweglichkeit ist Lebensqualität bis ins hohe Alter.

Mit Karin Albrecht als Autorin konnte für dieses Buch die Expertin im deutschsprachigen Raum gewonnen werden, die sich mit dem Thema der Beweglichkeit v. a. in der Praxis am längsten auseinander setzt. Sie kann aus langjähriger Erfahrung und experimentellem Tun nicht nur die Wirkungen eines Beweglichkeitstrainings auf Körper und Psyche plausibel darstellen und erklären, sondern auch spielerisch aus ihrem Erfahrungsschatz schöpfen, welche Varianten des Dehntrainings gezielte Effekte hervorrufen.

Gerade bei Walking und Nordic Walking kann ein gezielt angeleitetes Beweglichkeitstraining einen hohen Zusatznutzen haben. Es kann bewusst als einleitender und einstimmender Trainingsinhalt oder aber als ein Innehalten und als konzentrierte Körperarbeit in das Training integriert werden. In jedem Fall soll den (Nordic) Walking-Trainern wie allen (Nordic) Walkern die Handlungskompetenz für ein eigenes Training zu Hause mitgegeben werden. Das ist aber nur möglich, wenn das Beweglichkeitstraining motivierend und korrekt durchgeführt wird. Hierfür ist Karin Albrecht das eindrucksvollste Beispiel. Wer sie in der Praxis erlebt, wird Dehntraining als Event verstehen. In diesem Buch möchte sie ihre Praxis an Sie weitergeben. Das Deutsche Walking Institut dankt ihr dafür.

Wir wünschen allen Nordic Walkern und Walkern nicht nur viel Spaß bei der Lektüre dieses Buches, sondern insbesondere viel Erfolg und positive Erfahrungen bei der Umsetzung von „Dehnen – Mobilisieren – Strecken".

Bad Dürrheim, im Januar 2006            Dr. Petra Mommert-Jauch

# INHALT

| | |
|---|---|
| **Vorwort** | V |
| **Einleitung** | 1 |

## 1 Walking und Stretch – Grundlagen — 3

### 1.1 Walking und Beweglichkeit — 4
Die Bedeutung der Beweglichkeit — 4
Wie viel Beweglichkeit ist normal? — 4

### 1.2 Walking und Nordic Walking — 6
Soft oder Power? — 6
Walking- und Nordic-Walking-Basistechnik — 7

### 1.3 Walkingvarianten — 14
(Nordic) Walking-Softvarianten — 14
(Nordic) Walking-Powervarianten — 16

### 1.4 Dehnen macht beweglich — 19
Was heißt beweglich? — 19
Wie viel Beweglichkeit braucht der Mensch? — 19
Was beeinflusst die Beweglichkeit? — 20
Was genau wird gedehnt? — 21
Wie wirkt Dehnen auf Körper und Psyche? — 22

### 1.5 Dehnen heute — 24
Dehnen – Mobilisieren – Strecken — 24
Wann ist eine Dehnung eine Dehnung? — 24
Mobilisationen — 25
Gegenbewegung zur Beugehaltung — 25

### 1.6 Dehnen für Walker — 26
Effizient dehnen — 26
Regelmäßigkeit — 27
Drei Dehnungsintensitäten — 27
Präzision — 28
Beckenpositionen und Bewegungsrichtungen — 29
Dehntechniken — 30
Dehntechniken für das Walking-Nachdehnen — 30
Ruhe und Zeit — 31
Einfach mal durchatmen — 31

## 2 Walking und Stretch – Praxis    35

Ein idealer Walking-Trainingsablauf    36
Mobilisieren als Vorbereitung    37
Gegenbewegung zur Beugehaltung    43
Walking-Nachdehnen    44

### 2.1 Sinnvolle Nachdehnübungen für das (Nordic) Walking    46

Dehnung der rückwärtigen Oberschenkelmuskulatur    46
Dehnung der vorderen Oberschenkelmuskulatur    51
Dehnung der Innenmuskeln des Oberschenkels    56
Dehnbereich Brustkorb vorn    59
Dehnbereich Hals und Nacken    62
Dehnbereich Bauch-Beuger-Kette    64
Dehnbereich Gesäßmuskeln und Außenrotatoren    66
Dehnbereich Wadenmuskulatur    68
Dehnbereich Rücken    72
Dehnung des Schulterbereichs    78
Dehnung des Schienbeinbereichs    79
Hand- und Fingerstrecker    80

### Literaturverzeichnis    81

# EINLEITUNG

Immer wieder werde ich gefragt, ob Dehnen für das Walken sinnvoll sei. Und wenn ja, ob besser vor- oder nachgedehnt werden soll, welches die besten Übungen seien und wie diese überhaupt wirkten.

Ob und welche Dehnungen Sinn machen, hängt immer mit der Trainingsart zusammen, hier also Walking, und der überwiegenden Körperhaltung im Alltag, die üblicherweise Sitzen ist. Der Mensch ist zum Gehen und Liegen geschaffen, aber nicht zum Sitzen. Deshalb ist es wichtig, der Sitzbelastung etwas entgegenzuhalten. Dafür eignen sich Walking, Mobilisationen sowie bestimmte Dehnungsübungen geradezu ideal.

Startet man ein Walking-Training mit intensiven Wirbelsäulenmobilisationen, ist dies eine Art „im Körper anzukommen". Die Mobilisationen vertiefen die Atmung und lösen die monotonen Körperhaltungen auf, dies wird die Walking-Technik positiv beeinflussen. Schließt man Walking mit einem sinnvollen ruhigen Nachdehnablauf ab, wird dies das körperliche Wohlbefinden deutlich steigern. Bereits ein einfacher, regelmäßig ausgeführter Nachdehnungsablauf kann die Beweglichkeit bis ins hohe Alter erhalten. So bleibt nicht nur das Herz fit, sondern der Körper geschmeidig und die Körperhaltung aufrecht.

Mit diesem Buch gebe ich Antworten auf alle wichtigen Fragen bezüglich Stretching und Beweglichkeit im Kontext mit Walking. Gleichzeitig zeige ich den aktuellen Stand des Dehnens auf, gebe wichtige Ausführungshinweise und habe eine sinnvolle Übungsauswahl für das Walking-Dehnen zusammengestellt. Im letzten Teil des Buches werden unterschiedliche Dehnabläufe detailliert beschrieben. Die herausnehmbaren Karten mit Mobilisations- und Dehnübungen sind als praktische Gedächtnisstütze vorgesehen und sollen Sie beim Walken begleiten und an die Übungen erinnern.

Ich freue mich sehr, dass ich Dr. Petra Mommert-Jauch – die Walking-Expertin überhaupt – als Koautorin gewinnen konnte. Sie beschreibt die unterschiedlichen Walking-Techniken, die heute gelehrt werden, sowie deren Vor- und Nachteile.

Walking ist sicher eine der besten Lösungen, um gesund, fit und schlank zu werden oder zu bleiben. Ergänzen Sie Walking mit den Empfehlungen dieses Buches und genießen Sie die unzähligen wertvollen Zusatzeffekte. Walken Sie sich fit, sommers wie winters, atmen Sie tief durch, bleiben Sie geschmeidig.

Zürich, im Januar 2006                                          Karin Albrecht

# 1
## Walking und Stretch

## Grundlagen

# 1.1 Walking und Beweglichkeit

Wer kennt ihn nicht: den Wunsch nach Agilität, kraftvoller Geschmeidigkeit und die Sehnsucht, nicht alt, starr und steif zu werden, sondern reif – und dabei gleichzeitig kraftvoll und geschmeidig zu bleiben? Das muss kein Wunsch bleiben. Im Gegenteil: Beweglichkeit und ein gutes differenziertes Körpergefühl können Sie sich jederzeit selbst verschaffen und auch erhalten – durch Dehnen. Und damit können Sie jederzeit beginnen, ganz gleich, wie alt und in welcher Form Sie sind.

### Die Bedeutung der Beweglichkeit

Beweglichkeit unterstützt die Gesundheit und vermittelt ein ganz besonderes Körpergefühl. Diese Beweglichkeit kann mit Dehnen erreicht werden. Neben Ausdauer und Kraft ist Beweglichkeit die Grundlage für einen gesunden, belastbaren Körper. Trotzdem wird Dehnen beim persönlichen Training oft vermieden, vielleicht aus Unsicherheit bezüglich Ausführung oder wegen unrealistischer Erwartungen. Das ist schade, denn Dehnungen und Mobilisationen sind nicht nur ideale Trainingsvorbereitung und idealer -abschluss, sondern haben viele weitere wertvolle Zusatzeffekte, wie beispielsweise Erhaltung oder Verbesserung der Beweglichkeit. Die übliche Bewegungsarmut und die damit verbundenen monotonen Bewegungen und Körperhaltungen führen auf lange Zeit gesehen zu Unbeweglichkeit und Verspannungen, bis hin zu Schmerzen. Sinnvoll dehnen bedeutet, dem entgegenzuwirken, oder auch Gelenkpflege bis ins hohe Alter.

### Wie viel Beweglichkeit ist normal?

Für die Beweglichkeit gibt es keine allgemein gültige Norm. Vielmehr bestimmen verschiedene Faktoren den Grad an Beweglichkeit, wie Vererbung, Geschlecht, Tageszeit, Körperwärme und v.a. auch, wie der Körper „gebraucht" wird. Menschen, die vorwiegend im Sitzen arbeiten und für jeden Weg das Auto nehmen, werden in ihrer Beweglichkeit wahrscheinlich eingeschränkt sein. Dennoch kann ein solcher Mensch beispielsweise aufgrund familiärer Disposition beweglicher sein als jemand, der bestimmte Sportarten betreibt, wie z.B. Fahrradfahren, ohne regelmäßig zu dehnen.

Selbstverständlich existieren aber auch Spezialnormen. So müssen beispielsweise Tänzer einen sehr hohen Grad an Beweglichkeit haben, um den Anforderungen ihres Berufs gerecht zu werden. Ein solch hoher Grad an Beweglichkeit kann nicht nur „angeboren" sein, sondern muss immer wieder trainiert und aufrechterhalten werden.

Bei Läufern oder Walkern wird die Leistungsfähigkeit von der Beweglichkeit „nur" durch eine eingeschränkte Schrittlänge und/oder durch eine eingeschränkte Streckfähigkeit im Rumpf beeinflusst. Und natürlich durch das Körperbefinden: Es ist nicht angenehm, mit Muskelhartspann (Muskelverspannungen) zu laufen oder zu walken. Außerdem können solche Verspannungen zu chronischen Entzündungen führen (Abb. **1.1**).

Ergänzen Sie Ihr persönliches Walk-Training mit meinen Empfehlungen zur Beweglichkeit (Dehnen, Mobilisation und Strecken). Schließen Sie jedes Walking mit einem genussvollen Nachdehnen ab. Sie werden sich dabei entspannen, können sich aktiv erholen und gleichzeitig Ihre Beweglichkeit erhalten.

Abb. **1.1** Regelmäßiges (Nordic) Walken löst Verspannungen und fördert vielseitig die Gesundheit und das Wohlbefinden.

## 1.2 Walking und Nordic Walking

Walking und Nordic Walking sind die Ausdauersportarten der heutigen Zeit. Aber nicht nur das. Beide Sportarten bieten mehr – viel mehr. Nicht nur Herz und Lunge werden beansprucht. Die Muskulatur findet eine Fülle an neuen Reizen und lebt wieder auf. Und – das nicht nur zu guter Letzt: Es tut einfach gut, an der frischen Luft, Körper und Geist gleichermaßen zu reinigen.

### Soft oder Power?

Fragen wir uns nach dem Ziel, das wir erreichen wollen:

Soll uns (Nordic) Walking helfen, einen gemäßigten Ausgleich zum Alltag zu finden? Also nicht wieder Stress, indem man eine bestimmte Strecke in einer bestimmten Zeit zurücklegen will, oder Stress, weil man täglich zusätzlich 400 Kalorien verbrennen muss, um die Kleidergröße bis zur Badesaison zu reduzieren. Stehen also der Erholungswert im Vordergrund und das gute Gefühl, etwas für sich getan zu haben? Dann sind die Softvarianten des Walkens und Nordic Walkens gefragt.

Stehen die Zeichen dagegen auf Action, Power und Austoben, dann sind die Powervarianten durchaus das Richtige. Hierbei kann man nicht nur Aggressionen loswerden und Fitness tanken, sondern auch Muskeln in intensivster Form kräftigen. Aber Achtung! Bevor man mit diesen Powervarianten loslegt, sollte die Basistechnik gut erlernt sein. Denn nichts macht weniger Spaß, als wenn man nach dem Training mehr Probleme hat als vorher.

Ob Soft oder Power, ob Erholung oder Tatendrang – immer gehört eine so genannte Muskelhygiene dazu. Sie dient einerseits der Erholung, weil die langsamen, meditativen Bewegungen beim Dehnen und Stretchen schon beinahe Hypnosecharakter haben, andererseits dient sie der Fitness, weil nur durch ein vernünftiges Beweglichkeitstraining auch vernünftige Muskel- und Gelenkarbeit möglich ist.

Ob Soft- oder Powerwalking und Nordic Walking: In Verbindung mit einem guten Nachdehnen werden alle Varianten unter Berücksichtigung eines vernünftigen Trainingsaufbaus und Trainingsablaufs immer Körper- und Kopfhygiene pur sein.

## Walking- und Nordic-Walking-Basistechnik

Davon ausgehend, dass die Technik des Walkens und Nordic Walkens weitgehend bekannt ist, möchten wir hier auf nur einzelne wichtige Technikbausteine eingehen, bei denen immer wieder Fehler auftreten, die letztlich zu erhöhten Gelenkbelastungen und Verspannungen oder auch Schädigungen führen. Detailliertere Informationen zum Thema Gangschulung sind im Buch „Körperwahrnehmung und Schmerzbewältigung" und „Nordic Walking – aber richtig" (s. Literaturliste) nachzulesen.

> **Beweglichkeitstipp:**
> Die Beweglichkeitstipps zeigen, welche Dehnungen und Mobilisationen speziell wofür eingesetzt werden können; sie sind entweder bereits in die empfohlenen Mobilisations- und Dehnprogrammen integriert oder werden als zusätzliche Möglichkeit aufgezeigt.

### Körperhaltung

*Für beide Sportarten gilt: Die aufrechte Körperhaltung mit gehobenem Brustbein in einer natürlichen Körperlängsspannung.*

Der erste Schritt im Haltungsaufbau ist, aus der Beugeansteuerung in die aufrechte Haltung zu kommen, sich also zu strecken, länger zu werden. Das aktiviert die tiefe Rücken- und Bauchmuskulatur und schützt die Wirbelsäule. Bei dieser Streckung ist zu beachten, dass der Brustkorb nicht nach vorn geschoben oder der Schultergürtel nach hinten gezogen wird. Dies würde den freien Fluss der Arme stören. Ganz wichtig ist es auch, das Becken in einer neutralen Position zu lassen (natürliche Lordose) und keine Beckenaufrichtung anzusteuern! Diese Beckenaufrichtung ist überholt und wird leider immer noch häufig genug empfohlen, sie stört jedoch die Bewegung im Hüftgelenk und belastet die Lendenwirbelsäule (Abb. **1.2 a**).

Diese natürliche, schöne, aufrechte Haltung einzunehmen, ist nicht immer einfach, weil die meisten von uns üblicherweise den ganzen Tag sitzen (Abb. **1.2 b**).

### Zu empfehlen:

Vor dem Walken: Gelenke mobilisieren und Gegenbewegung zur Beugehaltung ausführen – erleichtert die aufrechte Körperhaltung während des Trainings.

Nach dem Walken: Regelmäßiges Nachdehnen mit abschließender Gegenbewegung zur Beugehaltung erhält die Beweglichkeit und gleicht die Sitzbelastung aus.

GRUNDLAGEN | 1.2 Walking und Nordic Walking

Abb. **1.2 a** Falsch: Becken aufgerichtet mit weiterlaufender Beugeansteuerung im Oberkörper.

Abb. **1.2 b** Richtig: Becken neutral mit schöner Körperlängsspannung.

## Fuß

### Der Fuß setzt flächig auf der Ferse auf.

Zu steiles Aufsetzen auf der Ferse hat Schienbein-, Knie-, Hüftgelenk- und Rückenschmerzen zur Folge (Abb. **1.3**). Beim (Nordic) Walken sind besonders häufig Schienbeinprobleme zu beobachten. Diese sollten nach vier Wochen regelmäßigen Trainings vollständig verschwunden sein, wenn nicht, muss die Technik überprüft werden. Ein Kardinalfehler beim Nordic Walking ist meist ein viel zu langer Schritt!

### Zu empfehlen:

Auch fortgeschrittene (Nordic) Walker sollten ihre Technik immer wieder überprüfen und optimieren.

Abb. **1.3 a** Falsch: Zu steiles Aufkommen auf der Ferse und gestrecktes Knie vorn.

Abb. **1.3 b** Richtig: Flächiges Aufkommen auf der Ferse und gebeugtes Knie vorn.

**Funktionelle Abrollphase.** Der Fuß soll in der natürlichen, funktionellen Außenrotation auf den Boden aufgesetzt werden, sodass die Abrollphase natürlich über die Fußlängsachse erfolgen kann (Abb. 1.4). Werden die Füße parallel aufgesetzt und abgerollt, stimmen die Knieachsen nicht: das kann zu Fuß- oder Knieproblemen führen.

Zu empfehlen:

Den (Nordic) Walkern ihre natürliche Bein-Außenrotation lassen und diese über die Körperlängsspannung intensivieren.

Abb. 1.4 a  Falsch: Parallele Fußposition beim Aufsetzen und Abrollen.

Abb. 1.4 b  Richtig: Natürliche, funktionelle Fußdivergenz.

GRUNDLAGEN | 1.2 Walking und Nordic Walking

### Knie

Das Knie des vorderen Beins ist beim Aufsetzen des Fußes auf den Boden immer leicht gebeugt.

Beim Abdrücken darf das Knie gestreckt sein. Auch hier gilt: Ist der Schritt zu lang und das Knie beim Aufsetzen gestreckt, staucht sich der Körper selbst, der Bewegungsablauf ist unökonomisch und für Knie, Hüfte und Rücken sogar sehr belastend (Abb. **1.5a**).

> **Beweglichkeitstipp:**
> Dehnung der Ischiokruralmuskulatur (s. S. 46–50).

### Hüfte

Die Hüfte des nach vorn ausschreitenden Beines bewegt sich mit nach vorn, aber nicht nach unten (Abb. **1.6b**)!

> **Beweglichkeitstipp:**
> Mobilisation des Hüftgelenks (s. S. 37), Rumpfrotation (s. S. 42).

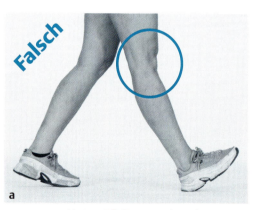

Abb. **1.5a** Falsch: Das Knie des vorderen Beins ist gestreckt.

Abb. **1.5b** Richtig: Das Knie des vorderen Beins ist beim Aufsetzen des Fußes auf den Boden leicht gebeugt.

### Schulter

Die Rumpfrotation bewegt sich entgegengesetzt zum gleichseitigen Bein.

Linke Schulter und linke Hüfte bewegen sich entgegengesetzt zueinander (Abb. **1.7b**). Weniger effektiv, ja sogar unökonomisch, wäre es, wenn keine Rotation zwischen Schulter- und Beckenachse stattfände. Damit kämen die tiefstliegenden segmentalen Muskeln an der Wirbelsäule kaum zum Einsatz und würden auch kaum trainiert. Und gerade diese Bewegungsverbindung trägt markant zur Rückenhygiene bei.

> **Beweglichkeitstipp:**
> Mobilisation des Schultergelenks (s. S. 40) und der Brustwirbelsäule (s. S. 37) und Rumpfrotation (s. S. 42).

## Walking- und Nordic-Walking-Basistechnik

Abb. **1.6 a** Falsch: Der Hüftknochen des Spielbeins senkt sich, das Standbein arbeitet nicht stabil.

Abb. **1.6 b** Richtig: Das Becken bleibt horizontal stabilisiert, es bewegt sich durch die Rotation leicht nach vorn.

Abb. **1.7 a** Falsch: Seitlich aufgenommenes Schultergelenk bei einem Schritt nach vorn: bleibt statisch.

Abb. **1.7 b** Richtig: Seitlich aufgenommenes Schultergelenk bei einem Schritt nach vorn: dreht nach hinten auf.

GRUNDLAGEN | 1.2 Walking und Nordic Walking

### Schulter und Schulterblatt

*Die Schultern bleiben gesenkt.*

Die Schulterblätter können ihre korrekte, gesenkte Position nur einnehmen, wenn der Thorax gestreckt ist, eine aufrechte Haltung eingenommen ist (Abb. **1.8 b**).

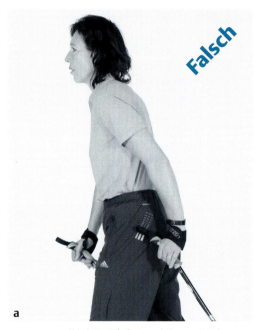

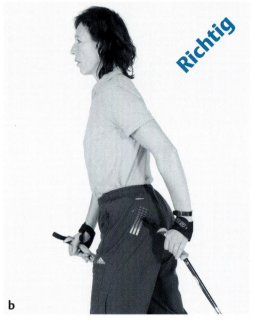

Abb. **1.8 a** Falsch: Beugehaltung mit Hebung des Schulterblattes als weiterlaufender Bewegung.

Abb. **1.8 b** Richtig: Aufrechte Haltung mit replatziertem Schulterblatt.

### Arme

*Die Arme schwingen bewusst aktiv nach hinten.*

Sie werden nach vorn nicht aktiv angehoben, sondern pendeln – der Vordehnung der Brustmuskulatur folgend – locker nach vorn. Leider ist beim Nordic Walking immer wieder der nach vorn oben angehobene Arm zu beobachten (Abb. **1.9 a**). Genau dieser aber fördert nicht die aufrechte Haltung, sondern im Gegenteil den Zug der Schulterachse nach vorn innen. Außerdem werden durch diesen falschen Armhub falsch angelernte Bewegungskopplungen unterstützt, die zu zusätzlichen Verspannungen im Schulter-Nacken-Bereich beitragen.

**Beweglichkeitstipp:**

Dehnung der Brustmuskulatur (s. S. 60 f.), Dehnung der Halsmuskulatur (Trapezius descendens und Schulterblattheber [Levator scapulae] sind in der Halsdehnung integriert) (s. S. 62 f.).

Walking- und Nordic-Walking-Basistechnik

Abb. **1.9 a** Falsch: Seitlich aufgenommener Armschwung nach vorn oben hebend.

Abb. **1.9 b** Richtig: Der Arm bleibt lang und schwingt nur entsprechend der Gegenrotation von Schulterachse zu Beckenachse nach vorn (Verwringung Schulterachse zur Beckenachse).

## Korrekter Stockeinsatz

Abb. **1.10** Richtig: Seitlich aufgenommener Armschwung nach hinten: langer Armschwung nach hinten und Öffnen der Hände.

## 1.3 Walkingvarianten

### (Nordic) Walking-Softvarianten

Mit Softvarianten sind Bewegungsausführungen gemeint, die besonders gelenkschonend sind und ohne Sprünge auskommen.

### Venenwalking

Bei dieser Technik des Walkens kommt der extreme Einsatz der Fuß- und Wadenmuskulatur zum Tragen. Dadurch wird die Muskelpumpe im Unterschenkel derart angeregt, dass es zu einem forcierten Blutrückfluss aus der Venensohle nach oben Richtung Herz kommt. Ein ideales Venentraining für alle, die mit Fußschwächen, Krampfadern oder auch schon mit Thrombosen ihre Probleme hatten. Bei dieser Technik steht nicht die Geschwindigkeit, sondern der intensive Einsatz des Sprunggelenks, der Fuß- und unteren Beinmuskulatur im Vordergrund. Bei immer leicht gebeugten Knien und extrem kurzer Schrittlänge wird der Fuß maximal ausführlich von der Ferse auf den Fußballen abgerollt, es wird „gestempelt" (Abb. 1.11). Es kommt dabei zu keiner Tief-Hoch-Bewegung des Körpers, sondern der Körper wird auf einer Ebene gehalten.

> **Beweglichkeitstipp:**
> Dehnung von Fuß-, Waden- und Schienbeinmuskulatur (s. S. 68–71).

### Senso-Walking

Die Erfahrung hat gezeigt, dass es Walker gibt, die trotz intensiven Gehens und guter Trainingsintensität immer kalte Hände haben. Dies lässt darauf schließen, dass die Durchblutung in den Händen nicht ideal ist. Empfehlung: Beim Walken gleichzeitig die Senso-Trainer kneten (aus der Hand-Reha) und so die Durchblutung anregen (Abb. 1.12). Die Schwierigkeit dabei ist, die Schultern währenddessen nicht nach oben zu ziehen und so den Schultergürtel zu verspannen.

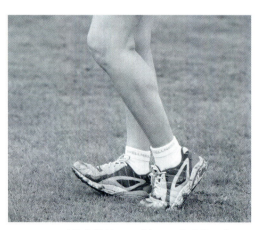

Abb. 1.11 Venenwalking von der Seite aufgenommen.

Abb. 1.12 Leichtes Kneten der Senso-Trainer während des Walkens.

> **Beweglichkeitstipp:**
> Die Hand- und Unterarmmuskulatur nachdehnen (s. S. 80).

## Woggen mit und ohne Stöcke

Das Wort „Woggen" signalisiert bereits, dass es zwischen Walken und Joggen einen Übergang gibt. Dabei geht es aber in keinem Fall um das sportliche Gehen mit dem entsprechenden „Hüftwackeln". Woggen ist zwar weniger intensiv als das Sprunglaufen, aber doch intensiver als das normale Walken. Immer wieder mal für ein paar Minuten eingesetzt, bietet es die Möglichkeit, sowohl die Fuß-, Waden- und auch gesamte Beinmuskulatur intensiver einzusetzen. Da es zu keiner Flugphase kommt, werden die Gelenke nicht vermehrt belastet. Ähnlich wie beim Venenwalking wird „gestempelt", dabei kommt es aber auch noch zu einer Tief-Hoch-Bewegung des gesamten Körpers. Die Knie werden bei der Hochbewegung gestreckt, sodass die gesamte Beinmuskulatur gefordert wird (Abb. 1.13). Wäre der Abdruck so stark, dass man abheben würde, wäre man jetzt beim Joggen. Da ein Bein aber immer Bodenkontakt hat (gelenkschonender), woggt man. Der Stockeinsatz erfolgt bei dieser Technik eher neben dem Körper, sodass es zu keinem ausführlichen Armschwung kommt. Die Stöcke werden kurz und prägnant eingesetzt und unterstützen die Tief-Hoch-Bewegung.

Abb. 1.13 Wogging-Technik, Akzent nach oben.

> **Beweglichkeitstipp:**
> Dehnung von Fuß, Waden- und Oberschenkelmuskulatur (s. S. 46 ff., 68 ff.).

## (Nordic) Walking-Powervarianten

Die Powervarianten sind koordinativ und hinsichtlich Muskelkraft wesentlich anspruchsvoller. Mit Hilfe der Powervarianten kann die Sprungkraftausdauer genauso wie das Herz-Kreislauf-System auf Hochtouren gebracht werden. Als Trainingsanfänger sollte man unbedingt mit den Softvarianten einsteigen und ab einem Alter von 40 Jahren ist ein ärztlicher Check-up empfehlenswert, bevor man mit den Powervarianten beginnt.

> **Beweglichkeitstipp:**
> Dehnung der Gesäß- und Hüftgelenkmuskulatur und der Adduktoren (s. S. 53 ff., 67).

### V-Step mit Stöcken

Der V-Step in Low-impact-Form, also ohne Sprung, dient der Stabilisation der Hüft- und Kniegelenke und gleicht dem V-Step aus dem Aerobic. Anspruchsvoller hinsichtlich Koordination und Kraft, aber auch belastender für Knie- und Hüftgelenke, ist der V-Step-high-impact. Der 1. Schritt – z. B. mit dem rechten Bein – wird leicht rotiert nach außen gesetzt. Beide Stöcke werden gleichzeitig in Höhe des rechten Fußes eingestochen, sodass der rechte Fuß von beiden Stöcken umrahmt ist. Diese „einleitende" Bewegung wird von einer forcierten Beugung des rechten Kniegelenks begleitet. Man könnte diese Bewegung mit dem letzten Stemmschritt eines Hochspringers vor dem Absprung vergleichen. Jetzt werden die Stöcke zum Abdruck genutzt, das linke Bein gleitet durch das „Stocktor" hindurch zur linken Seite, gleichzeitig erfolgt der Abdruck vom rechten Fuß und Streckung des Kniegelenks. Die Landung erfolgt auf dem linken Fuß, der ebenfalls leicht außenrotiert aufsetzt (s. V-Step). In dieser Phase sind beide Stöcke weit hinter den Körper geschwungen (Abb. **1.14**).

Abb. **1.14a** 1. Schritt, leicht nach außen rotiert, Stöcke umrahmen den Fuß.

## Sprunglauf

Die wohl intensivste Beanspruchung für Muskulatur, Herz-Kreislauf, aber auch für die Gelenke, ist das Sprunglaufen. Hierbei wird auch die Arm- und Rumpfmuskulatur höchst intensiv eingesetzt. Liegen Gelenkbeschwerden vor, ist diese Variante des Nordic Walkings nicht zu empfehlen. Augenmerk bei dieser Technik liegt auf dem maximalen Abdruck des hinteren Fußes vom Boden. Gleichzeitig wird das vordere Knie nach vorn oben hochkatapultiert, sodass es zu einer Verlängerung der Flugphase kommt (Abb. **1.15**). Die anschließende Landephase auf dem Fußballen vorn ist gleichzeitig die Vorbereitung für den nächsten Abdruck vom Boden. Die Verlängerung der Flugphase wird ideal durch den Diagonaleinsatz der Stöcke unterstützt. Sie sind es auch, die die Belastung in der Landephase abschwächen können. Noch weniger belastend für die Gelenke ist es, wenn der Sprunglauf bergauf ausgeführt wird.

> **Beweglichkeitstipp:**
>
> Dehnung der gesamten Bein-, Gesäß- und Hüftgelenkmuskulatur sowie der Arm-, Schulter- und Brustmuskulatur (s. S. 47 ff., 78).

Abb. **1.14 b** Das andere Bein gleitet durch das „Stocktor", Streckung des Kniegelenks hinten.

Abb. **1.14 c** Landung auf dem anderen Fuß mit leicht gebeugtem Kniegelenk, ebenfalls leicht nach außen rotiert, Stöcke weit hinter den Körper geschwungen.

GRUNDLAGEN | 1.3 Walkingvarianten

Abb. 1.15 Sprunglauf.

Ob Soft oder Power – das Wichtigste ist das Wohlgefühl am Schluss des Trainings. Alles sollte im Einklang sein und ein harmonisches Bild abgeben: Der Kopf frei, die Muskeln angenehm angeregt, die Gelenke warm und geschmeidig und das Schönste daran – Sie selbst haben das bewirkt! Ein gutes Team: Ihre Motivation, (Nordic) Walking und die dazugehörende Muskelpflege bzw. die Pflege ihrer Kraft und ihrer Beweglichkeit.

## 1.4 Dehnen macht beweglich

### Was heißt beweglich?

Beweglichkeit bedeutet Bewegungsfreiheit oder Bewegungsreichweite, die sich aus Gelenkigkeit und Dehnfähigkeit zusammensetzt. Die Gelenkigkeit ist vorgegeben, sie kann nicht oder nur minimal verändert werden, weil sie von der Form der Knochen und der Gelenke bestimmt ist. Ein Gelenkstopp im Knie- oder Ellbogen ist einfach zu erkennen. Je nachdem, wie das Gelenk gebaut ist, können ein Ellbogen bzw. ein Knie etwas mehr oder etwas weniger gestreckt werden. Diese Grenzen lassen sich nicht oder nur ganz wenig beeinflussen. Es macht auch keinen Sinn, diese vorgegebenen Bewegungsgrade verändern zu wollen. Innerhalb der vorgegebenen Gelenkgrade kann allerdings die Dehnfähigkeit mittels Dehnen stark verbessert werden, das heißt, jeder Mensch kann seine Beweglichkeit bis ins hohe Alter erhalten und/oder verbessern.

Ausnahme: Beweglichkeitseinschränkung als Schutz, z. B. als Folge einer Verletzung oder Abnützung. In diesem Fall ist Dehnen nur nach der Verheilung oder im nicht akuten Zustand erlaubt. Im „Schutzgebiet" wird sich die Beweglichkeit nicht verbessern, dennoch können sanfte und mittlere Dehnreize sinnvoll sein, um den Gelenkstoffwechsel zu erhalten.

Beweglichkeitseinschränkungen mit pathologischen Ursachen gehören in therapeutische Hände!

Die üblichen Beweglichkeitseinschränkungen z. B. im Hüftgelenk, in den Beinen, der Wirbelsäule, der Schulter und dem Hals sind fast nie gelenkbedingt, sondern abhängig vom aktiven Bewegungssystem. Entsprechend kann die Beweglichkeit in all diesen Bereichen beeinflusst und verbessert werden.

### Wie viel Beweglichkeit braucht der Mensch?

Ideal wäre eine funktionelle, natürliche Beweglichkeit im Kontext mit der aufrechten Haltung. Dehnungen, die diesen Anspruch unterstützen, erhalten die Gelenke gesund, steigern das persönliche Wohlbefinden und verbessern die Körperhaltung. Alle Trainingsreize, speziell Dehnungsreize, sollen immer der „aufrechten Körperhaltung" dienen. Es gibt keine gültigen Normwerte für Beweglichkeit und fast keine sinnvollen Messmethoden im Fitness- und Sportbereich (auch die meisten Physio-Mess-Techniken lassen zu wünschen übrig). Nehmen Sie als Maß doch Ihr persönliches Befinden. Was brauchen Sie? Wann fühlen Sie sich in Ihrer Körperhaltung und Bewegung frei und ungestört? Erobern oder erhalten Sie sich diese Beweglichkeit (Abb. **1.16**).

GRUNDLAGEN | 1.4 Dehnen macht beweglich

Abb. 1.16 Erhalt der Beweglichkeit.

## Was beeinflusst die Beweglichkeit?

Die individuelle Beweglichkeit ist abhängig von Vererbung und Geschlecht. Frauen sind üblicherweise beweglicher als Männer. Dieser Umstand kann auf die unterschiedliche, hormonell bedingte Zusammensetzung der Gewebe zurückgeführt werden.

Ebenso hat die Tageszeit einen Einfluss auf die Beweglichkeit. Morgens vor 10 Uhr ist die körperliche „Empfindlichkeit" größer als abends. Entsprechend wird ein Dehnreiz am Morgen früher wahrgenommen bzw. früher als unangenehm empfunden als am Abend.

Die Körpertemperatur ist ein weiterer wichtiger Faktor. Wärme verbessert die Fließeigenschaften im ganzen Körper und erleichtert die viskoelastische Verformung der Muskeln. Gerade deshalb ist es sinnvoll, sich vor jedem Bewegungstraining gut aufzuwärmen.

Der wichtigste Faktor, der die Beweglichkeit sowohl einschränken als auch verbessern kann, ist jedoch die Art und Weise, wie die Muskulatur im Alltag gebraucht wird. Wird die Muskulatur im Alltag einseitig gebraucht (Sitzen!), ist auch die Beweglichkeit eingeschränkt. Denn weshalb sollte unser Körper gewisse Bewegungsradien aufrechterhalten, wenn sie ihm nie abverlangt werden? Außer während einer längeren Ruhigstellung (Gips) geht einer „funktionellen Verkürzung" (konzentrischen Kontraktur) eines Muskels immer ein individuelles, einseitiges Bewegungsverhalten voraus. Durch dieses persönliche Verhalten gelangt jeder Mensch zu seinen Bewegungsradien, zu seiner eigenen individuellen Norm. Diese Norm ist veränderbar: Regelmäßiges Dehnen kann die Beweglichkeit erhalten oder verbessern, je nachdem, wie das Dehnen angewendet wird.

## Was genau wird gedehnt?

Dehnreize wirken in erster Linie auf das Nervensystem, auf die neurale Steuerung, also genau dort, wo die individuelle Norm als Vorlage (neuraler Print) abgelegt (programmiert) ist (Abb. **1.17**). Verbesserungen der Beweglichkeit werden immer über die Erweiterung dieser neuralen Programme erzielt.

In zweiter Linie, auf der Körperebene, wirken Dehnreize laut wissenschaftlicher Erkenntnisse vorwiegend auf das Bindegewebe. Und hier wiederum

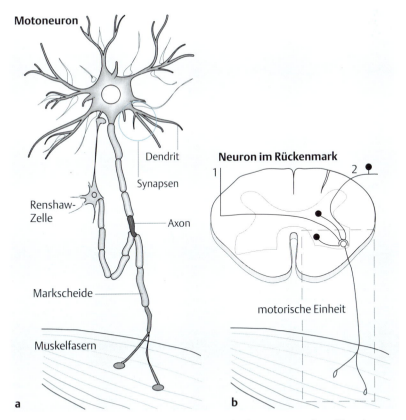

Abb. **1.17 a, b** Motorische Einheit. **a** Am Motoneuron sind viele Synapsen von den zuführenden Informationsquellen zu erkennen (vgl. **b**), womit die immense Integrationsleistung der Motoneurone ausgedrückt wird. **b** Rückenmarkquerschnitt mit einem Motoneuron im Vorderhorn und seinem Axon zu den innervierten Muskelfasern. Das Motoneuron erhält viele Informationszuflüsse von zentral (1) und peripher (2).

GRUNDLAGEN | 1.4 Dehnen macht beweglich

hauptsächlich auf das bindegewebige Filament Titin (Abb. **1.18**). Das Titin ist eine Art Feder. Es übernimmt die Aufgabe, einen exzentrisch verformten (in die Länge gezogenen) Muskel wieder in die Normlänge zurückzubringen. Die Annahme, dass es die Faszien sind, die Bindegewebshüllen oder die Muskelfasern, das Aktin und Myosin, die die Beweglichkeit hauptsächlich bestimmen, muss revidiert werden.

Durch Dehnreize werden diese „Titin-Federn" gleichzeitig elastischer und reißfester. Zusammen mit der neuen „neuralen Toleranz" vergrößert sich der Bewegungsradius – korrektes Dehnen vorausgesetzt.

## Wie wirkt Dehnen auf Körper und Psyche?

### Auswirkungen auf den Körper

Dehnen vergrößert den Bewegungsradius von Gelenken, fördert die Dehnbarkeit und Einsatzbereitschaft der Skelettmuskeln. Regelmäßiges Dehnen macht Sie mit allen Teilen Ihres Körpers und seinen Bewegungsmöglichkeiten vertraut. Weiteres Plus: Weil Dehnungsübungen dem natürlichen Atemfluss folgen, kann Ihre Atmung auch im Alltag wieder ungehindert und unverkrampft fließen.

Wie jedes Bewegungstraining verbessert Dehnen den Stoffwechsel in allen Geweben, u. a. die Durchblutung und den Aufbau der kollagenen (eiweißhaltigen) Fasern des Bindegewebes. Das heißt:

- das Nervensystem wird toleranter für Dehnreize – der Mensch beweglicher,
- das Sehnen- und Bindegewebe wird reißfester,
- die Muskeln verbessern ihre Fähigkeit sich zu verformen, sich zu verlängern,
- die Koordination wird präziser.

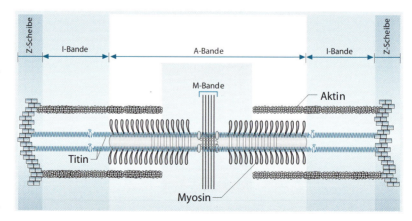

Abb. **1.18** Proteine des sarkomeren Zytoskeletts (nach Fürst DO: Molekulare Physiologie des Muskels. In: Spuler S, Moers A von [Hrsg.]: Muskelkrankheiten. Stuttgart: Schattauer; 2003: 9).

Abgesehen von diesen sichtbaren Resultaten beeinflussen kleine, präzise Bewegungen, wie sie beim Dehnen ausgeführt werden, das Körper- und Bewegungsbewusstsein, die Selbstwahrnehmung und die Tiefenwahrnehmung nicht nur auf körperlicher, sondern auch auf einer psychisch-emotionalen Ebene.

## Auswirkungen auf die Psyche

Der heutige Mensch wirkt oft wie nach einem vorgefassten Bild zusammengesetzt. Schönheit zeigt sich jedoch nicht in einer Vorstellung, der man nachzueifern sucht, auch nicht in einer scheinbar makellosen Oberfläche oder darin, ob jemand grobe oder feine Züge hat. Sie zeigt sich vielmehr darin, wie die Menschen in ihrem Körper wohnen, wie sie sich im Raum bewegen: Mit dem Bewusstsein ihrer selbst als tragende Kraft. Dieses Selbstbewusstsein ist der wunder- und wertvolle Nebeneffekt, den Sie mit Dehnen erreichen können. Wird Dehnen nämlich im Sinne einer Bewegungsmeditation ausgeführt, sind die Folgen u. a. Ausgeglichenheit, positive Grundstimmung, Körperbewusstsein, Bewegungskompetenz und Geschicklichkeit. Durch Dehnen erleben Sie Ihren Körper als harmonisches Ganzes, die einzelnen Bewegungen als Teil seiner selbst. Diese Harmonie, diese Schönheit strahlen Sie auch aus.

## 1.5 Dehnen heute

Inspiriert von Bob Anderson galt „Stretching" lange Zeit als statisches, lang gehaltenes Dehnen. Diese Definition ist überholt. Heute wird der Begriff „Stretching" einfach als englische Bezeichnung von Dehnen verwendet, und zwar unabhängig von der Dehntechnik bzw. -dauer.

Ein weiterer wichtiger Schritt zur Begriffsklärung ist meine präzise Unterscheidung der möglichen und sinnvollen Dehnanwendungen mit den dazugehörigen Empfehlungen:

- Vordehnen,
- Zwischendehnen,
- Nachdehnen,
- Stretch-Training,
- therapeutisches Dehnen.

Jede Dehnanwendung hat ein Ziel und entsprechende Ausführungsempfehlungen, sodass der Sinn und das Erreichen dieses Zieles überprüfbar sind. All diese Dehnanwendungen detailliert aufzuzeigen, sprengt den Rahmen dieses Buches. Wenn Sie sich umfassend informieren möchten, empfehle ich Ihnen dazu das Buch „Stretching und Beweglichkeit" (s. Literaturliste im Anhang).

### Dehnen – Mobilisieren – Strecken

Dehnen, wie ich es verstehe, umfasst drei Bewegungsformen, die zusammen eine ganzheitliche Körperpflege und aktive Regeneration bieten:

- das eigentliche Dehnen (oder Stretching, wie es üblicherweise genannt wird), bei dem präzise Dehnreize gesetzt werden,
- die Mobilisationsbewegungen, die den Stoffwechsel aktivieren,
- das Strecken – die Gegenbewegung zur Beugehaltung: der perfekte Ausgleich zu den alltäglichen Beugebelastungen.

Die verschiedenen Übungen in diesem Buch berücksichtigen alle drei: Dehnen, Mobilisation und Strecken – zusammen bilden sie ein ausgewogenes Programm, das jedes Walk-Training perfekt abrundet.

### Wann ist eine Dehnung eine Dehnung?

Eine Dehnung gilt nur dann als Dehnung, wenn am Bewegungsende ein relevanter Reiz gesetzt wird.

Die Bewegung selbst (Bewegungsanfang bis -ende) bewirkt keinen Dehnreiz, sondern ist entweder eine exzentrische Kontraktion oder eine exzentrische Verformung eines passiven Muskels.

Das deutliche Empfinden eines Dehnungsgefühls bis hin zu einem angenehmen Dehnungsschmerz ist die Voraussetzung, um eine Wirkung zu erzielen.

## Mobilisationen

Mobilisationen sind ruhige Bewegungen im größtmöglichen Bewegungsradius und unterscheiden sich von Dehnungsübungen dadurch, dass am Ende der Bewegung keine Dehnungsreize gesetzt werden.

Ziel von Mobilisationen ist es nicht, den Bewegungsradius zu vergrößern und dadurch die Beweglichkeit zu steigern – eben weil keine Dehnungsreize gesetzt werden. Mobilisationen dienen vielmehr der Gelenkpflege: Die großen Bewegungen aktivieren die Produktion der Gelenkflüssigkeit. Die Bewegungen bewirken zusätzlich eine Druckveränderung innerhalb der Gelenke. Die Synovia wird in den Knorpel hineingepresst und somit der Gelenkknorpel ernährt. Dieser Prozess hält die Gelenke geschmeidig und gesund (s. S. 37–42).

## Gegenbewegung zur Beugehaltung

Die Ausgleichsbewegung ist die Gegenbewegung zur Beugehaltung. Sie dient dazu, den überwiegend monotonen Beugemustern des Alltags einen relevanten Gegenreiz entgegenzusetzen (s. S. 43). Der ausgleichende Trainingsakzent der Gegenbewegung ersetzt nicht die eigentlichen Trainingsreize wie Kraft- oder Dehnungsübungen, sondern gilt in erster Linie als „neuraler Ausgleichsreiz" zu den alltäglichen Beugeansteuerungen.

# 1.6 Dehnen für Walker

Für das Walking empfehle ich Streckungen (Gegenbewegung zur Beugehaltung) vor und nach dem Walken, Mobilisationen als Trainingsvorbereitung und zur Erhaltung der Beweglichkeit das Nachdehnen.

Die empfohlenen Übungen, verbunden mit einer guten Walking-Technik, werden Ihr Körpergefühl verbessern und einen positiven Einfluss auf Ihre Körperhaltung haben.

**Vordehnen.** Vordehnen bereitet den Körper auf maximale Bewegungsradien vor. Dies ist beim (Nordic) Walking nicht nötig. Als Vorbereitung für das (Nordic) Walken in aufrechter Körperhaltung empfehle ich stattdessen Mobilisationen.

**Nachdehnen.** Nachdehnen erhält die Beweglichkeit und leitet die (mentale) Regeneration entweder ein oder rundet sie ab; sehr wichtig für das Walk-Training. Jedes (Nordic) Walking sollte deshalb mit einem Nachdehnen abgeschlossen werden.

Die empfohlenen Übungen können draußen durchgeführt und direkt ans (Nordic) Walking angeschlossen werden. Sollte es dafür zu kalt sein, empfiehlt es sich, das Nachdehnen hinein in die Wärme zu verlegen, bzw. zu Hause oder im Studio zu dehnen.

**Dehnen oder Stretch-Training.** Es dient zur Verbesserung der Beweglichkeit. Dabei werden Dehnreize in hoher Intensität und in großem Umfang ausgeführt. Für eine umfassende Körperpflege kann Walking mit einem Dehntraining ergänzt werden. Wichtig ist das Erlernen unter guter und erfahrener Anleitung.

## Effizient dehnen

Das Ziel des Nachdehnens, wie es in diesem Buch empfohlen wird, ist die Beweglichkeit zu erhalten und das Wohlbefinden zu verbessern.

Das Wohlbefinden ist immer eine subjektive Größe und nicht messbar. Die subjektiven Empfindungen, was Stretching im eigenen Körper bewirkt und wie es sich auf das individuelle Wohlbefinden auswirkt, müssen ernst genommen werden. In Stretchingseminaren mit Erwachsenen und speziell bei Senioren zeigt sich immer wieder ganz deutlich, in welch hohem Maß eine freie Beweglichkeit und Geschmeidigkeit das Wohlbefinden steigern. Sie können sich hierbei einfach auf Ihr persönliches Körpergefühl verlassen.

Das wichtigste Ziel, nämlich die individuelle Beweglichkeit bis ins hohe Alter zu erhalten, ist mir ein großes Anliegen. Um dieses Ziel zu erreichen, müssen verschiedene Aspekte berücksichtigt werden.

Häufig suchen Trainerinnen und Trainer nach der besten Dehntechnik. Meine Erfahrung zeigt jedoch, dass nicht eine ganz bestimmte Dehntechnik zum Erfolg führt. In erster Linie ist es die Kombination von Intensität der Dehnung, Präzision der Ausführung und Regelmäßigkeit in der Anwendung. Die weiteren hier beschriebenen Faktoren wie Ruhe, bewusste Atmung, die Wahl der wichtigen Dehnbereiche usw. tragen ebenfalls nicht unerheblich zum Erfolg und Genuss des Dehnens bei.

## Regelmäßigkeit

Regelmäßig ausgeführte Dehnungsübungen nach jedem Walking – und vielleicht sogar einmal zusätzlich zu Hause zum Entspannen – können nachhaltige Veränderungen bewirken.

Natürlich hängt die Nachhaltigkeit der Dehnungen und der Streckung (Gegenbewegung zur Beugehaltung) davon ab, was Sie die übrige Zeit in Ihrem Alltag tun. Wenn Sie den ganzen Tag krumm und gebeugt vor dem PC sitzen, werden die Nachdehnungen allein nicht nachhaltig wirken können. Ich empfehle deshalb immer, die Streckung auch in den Alltag zu integrieren – stehend oder sitzend ausgeführt.

## Drei Dehnungsintensitäten

Drei Dehnungsintensitäten werden unterschieden:

- sanfte Dehnung = leichtes Ziehen,
- mittlere Dehnung = deutliche Dehnspannung,
- hohe (intensive) Dehnung = maximal erträgliche Dehnspannung.

Untersuchungen haben gezeigt, dass alle drei Intensitäten wirkungsvoll sind: Sanfte und mittlere Dehnungen erhalten die bestehende Beweglichkeit, mittlere und hohe Intensitäten verbessern die Beweglichkeit.

Je häufiger gedehnt wird, desto angenehmer das Gefühl, denn das Nervensystem reagiert immer toleranter auf die Dehnungsreize. Das heißt Dehnungen, die zu Beginn fast schmerzten, werden mit der Zeit richtig wohltuend. Aber Achtung! Auf keinen Fall über die individuelle Schmerzgrenze hinaus dehnen, sondern immer in guter Intensität mit hoher Präzision trainieren.

## Präzision

Damit Stretching etwas bewirkt, müssen die jeweiligen Dehnungsübungen präzise ausgeführt werden. Für diese Präzision braucht es eine gute Konzentration und ein gutes Körpergefühl.

Weil bei allen Dehnungsübungen genügend Zeit vorhanden ist, um die Aufmerksamkeit auf den Dehnbereich zu richten (Abb. **1.19**), werden sich das Körpergefühl und damit auch die Präzision der Übungsausführung von Mal zu Mal verbessern.

Die Kunst beim Stretching – speziell am Anfang, wenn es noch schwierig ist, zwischen Dehnungsintensität und Dehnungsschmerz zu unterscheiden – besteht darin, dem Dehnungsreiz nicht auszuweichen, sondern gerade in den intensiven Positionen zu bleiben, die Dehnung wirken zu lassen, sich innerlich zu entspannen und mit dieser Intensität zu arbeiten.

Abb. **1.19** Konzentration auf die verschiedenen Dehnbereiche.

## Beckenpositionen und Bewegungsrichtungen

Wir gehen immer von einer neutralen Position aus und bezeichnen die unterschiedlichen Bewegungsrichtungen folgendermaßen: Wird die Lordose aufgelöst, nennen wir das Beckenaufrichtung, wird die Lordose vergrößert, ist es eine Beckenkippung (Abb. **1.20**).

a

Abb. **1.20 a–c** Beckenpositionen.
a Neutrale Position.

b

Abb. **1.20 b** Beckenaufrichtung.

c

Abb. **1.20 c** Beckenkippung.

## Dehntechniken

Die Vielfalt der angebotenen Dehntechniken ist verwirrend und trägt in keiner Weise zum besseren Verständnis des Beweglichkeitstrainings bei. Im Gegenteil, manchmal wird versucht, die eine Technik gegen die andere auszuspielen und das mit zum Teil fragwürdigen Versprechungen und Erklärungen (nachzulesen in „Stretching und Beweglichkeit"; s. Literatur). Ich beschränke mich hier auf die Dehntechniken, die für das Walking relevant sind.

Dehntechniken werden nach aktiven und passiven Dehnungen unterschieden: Aktiv ist eine Dehnung, wenn der Dehnreiz und die Dehnungsintensität vom Gegenspieler des gedehnten Muskels kommen. Alle anderen Dehnungen sind passiv.

Alle Dehnungen können auf beide Arten ausgeführt werden. Zu der Frage, welche Art besser wirkt, gibt es unterschiedliche Aussagen. Nach meiner Erfahrung spielt dies keine Rolle. Viel wichtiger sind: gezielte Auswahl der Übungen, präzise und regelmäßige Ausführung.

## Dehntechniken für das Walking-Nachdehnen

**Bewegt-statisches Dehnen.** Es unterscheidet sich vom gehaltenen, fast „starren" statischen Dehnen durch langsame, kleine Bewegungen innerhalb der Dehnposition. Die Dehnposition wird eingenommen, fünf bis neun Sekunden gehalten, dann wird mit einer Bewegung der Gelenkradius und somit auch der Dehnreiz verändert, das kann drei- bis viermal ausgeführt werden. Mit diesen Bewegungen werden mehr Muskelfaseranteile unter Zugspannung gebracht, wir nehmen an, dass auch die Durchblutungssituation optimaler ist als bei „starr-statischem" Dehnen.

**Intermittierendes Dehnen.** Die maximale Dehnspannung wird fünf bis neun Sekunden gehalten, dann für zwei bis drei Sekunden ausgesetzt und anschließend wieder eingenommen. Während dieser Pause von zwei bis drei Sekunden wird der gedehnte Muskel intensiv durchblutet.

**Dehndauer.** Ich verzichte bewusst auf genaue Zeitangaben. Eine Dehnung kann zwischen 10 bis 90 Sekunden dauern – je nach Außentemperatur, Teilnehmern und Art der Übung. Bei kaltem Wetter soll der Dehnablauf eher kurz gehalten oder nach drinnen verschoben werden.

**Durchblutung beim Dehnen.** Die „Durchblutungsfrage" steht im Moment noch auf sehr wackeligen Beinen. Es gibt Aussagen, nach denen die Durchblutung des Muskels bereits nach zehn Sekunden Dehnung relevant schlechter sein soll. Der Blutfluss innerhalb des Muskels hängt aber in erster Linie vom intramuskulären Volumen ab und nicht von der Dehnspannung. Das intramuskuläre Volumen wird von der Menge Blut und Wasser innerhalb des Muskels bestimmt. Je mehr Flüssigkeit im Muskel ist, desto höher ist der Innendruck im Muskel, dieser komprimiert die Blutgefäße und kann so die Durchblutung bremsen. Dieses intramuskuläre Volumen kann durch Walking nie so hoch hinaufgejagt werden, dass die Durchblutung gestört sein könnte.

Gerade die empfohlenen Dehntechniken „bewegt-statisch" und „intermittierend" bewirken neben vielen umfassenden Dehnreizen eine ständige Durchblutung. Also, lassen Sie sich ruhig Zeit und dehnen Sie genauso lange, wie es sich für Sie richtig anfühlt.

## Ruhe und Zeit

**Innere Ruhe bringt Genuss.** Mit innerer Ruhe meine ich, dass Sie die verschiedenen Bewegungsabläufe bewusst, konzentriert und klar ausführen sollten. Dies erreichen Sie, wenn Sie den Übungsablauf verinnerlicht haben, also durch Wiederholung auswendig kennen, und nicht mehr jede Übung auf der Karte überprüfen müssen.

## Einfach mal durchatmen

*Bewusste, tiefe und ruhige Atmung – in einem natürlichen Fluss – bringt Ruhe und Energie und fördert das Wohlbefinden.*

Durch tiefes Atmen beim Dehnen schaffen Sie wiederum Ruhe und Zeit – beides zusammen erst ermöglicht und vereinfacht die Verlängerung der Muskeln und schafft eine umfassende Entspannung (Abb. **1.21**).

Erfahrungsgemäß senkt sich die Dehnintensität während des Ausatmens. Deshalb kann während dieser Atemphase in die Dehnung nachgesunken werden.

Eine langsame, tiefe Ausatmung bedingt eine gute Einatmung. Beides – Einatmen und Ausatmen – müssen deshalb beim Dehnen bewusst gleichwertig unterstützt werden. Grundsätzlich gilt: Die Atmung soll in einem angenehmen, eigenen Rhythmus fließen.

*Halten Sie die Atmung während der Dehnung nie an und forcieren Sie die Atmung nicht über längere Zeit!*

Walking mit einem genussvollen Nachdehnen eröffnet die Möglichkeit, sich von den Anstrengungen des Tages gekonnt und aktiv zu erholen: Bewusst ausgeführte Dehnpositionen bringen die Energie und die Wahrnehmung zurück in den Körper. Die Langsamkeit der Übungsausführung bewirkt Ruhe und Konzentration, die tiefe Atmung führt zu Entspannung und Erholung.

All diese Effekte ermöglichen Distanz zum Alltagsstress und zu den täglichen Belastungen. Bewusst ausgeführtes Dehnen, nach innen Spüren und Hören ermöglichen Reflexion, Ruhe und Gelassenheit.

GRUNDLAGEN | 1.6 Dehnen für Walker

Abb. **1.21** Einfach mal durchatmen und wahrnehmen.

# 2
## Walking und Stretch

Praxis

## Ein idealer Walking-Trainingsablauf

Ob und wie lange die einzelnen Teile eines Trainings angewendet werden sollen, hängt von vielen unterschiedlichen Aspekten ab, wie Außentemperatur, Bewegungskompetenz und Bewegungssicherheit, Intensität, Trainingsziel usw. Dies kann und muss jeder Leiter für jedes Training neu entscheiden.

| Mobilisationen und Gegenbewegung: | Techniküberprüfung und Schulung: | (Nordic) Walking-Training: | Cool-down (nur nach hoher Trainingsintensität): | Nachdehnen und Gegenbewegung zur Beugehaltung: |
|---|---|---|---|---|
| 3–5 Min. | 3–5 Min. | 30–45 Min. | 3–5 Min. | 5–7 Min. |

## Mobilisieren als Vorbereitung

Mobilisationsbewegungen eignen sich ausgezeichnet, um die Muskeln und die Gelenke auf eine Leistung vorzubereiten. Natürlich können, wenn das jemandem angenehm ist, bestimmte Körperbereiche vorgedehnt werden, es ist aber kein „Muss". Unsere Empfehlung für die Vorbereitung des Körpers auf das (Nordic) Walking-Training sind Mobilisationen. Diese aktivieren den Muskel- und Gelenkstoffwechsel und bringen die Teilnehmer aus ihren monotonen Körperhaltungen.

Wenn die Außentemperatur sehr kalt ist, soll erst nach fünf bis sechs Minuten Einwalken mobilisiert werden, ansonsten kann direkt mit den langsamen und größtmöglichen Mobilisationsbewegungen begonnen werden. Alle Bewegungen können 4- bis 8-mal wiederholt werden.

### Mobilisation der Wirbelsäule

Alle Mobilisationen in die Beugung und in die Streckung finden in einer sicheren, abgestützten Position statt. Die Handstellung ist nach außen rotiert, um zu vermeiden, dass weiterlaufende Bewegungen die umfassende Streckung der Brustwirbelsäule (BWS) bremsen würden.

Ausgehend von der Ausgangslage mit abgestütztem Oberkörper und neutraler Position der Wirbelsäule wird die Wirbelsäule gebeugt und schließlich maximal gestreckt. Der Ablauf der Wirbelsäulenmobilisation ist aus Abb. 2.1 ersichtlich.

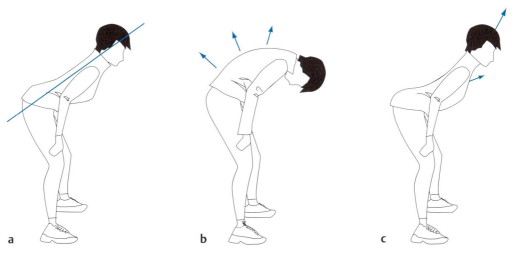

Abb. 2.1 a–c Mobilisation der Wirbelsäule. **a** Ausgangslage: Der Oberkörper ist abgestützt, die Wirbelsäule ist in einer neutralen Position. **b** Die Wirbelsäule beugen, den Akzent in der BWS setzen, das Körpergewicht abgestützt lassen. **c** Die Wirbelsäule, besonders die Brustwirbelsäule, maximal strecken, diese Streckung mit einer guten Bauchspannung stabilisieren, anschließend zurück in die neutrale Position wie **a** und aufrichten.

## Aufrichten oder Aufrollen?

Beide Möglichkeiten, den Oberkörper wieder in eine aufgerichtete Position zu bringen, sind richtig:

- **Aufrollen:** Das Aufrollen ist eine im Tanz und in der Gymnastik übliche Art, sich in die aufrechte Haltung zu bringen. Die Bewegung ist wirbelsäulenbelastend, sofern das Körpergewicht nicht abgestützt wird. Ein Aufrollen ohne Abstützen wird im Gesundheitssport nicht empfohlen.

- **Aufrichten** (Abb. 2.2 a): Die Streckung in die neutrale Rumpfposition findet nicht in einer horizontalen, sondern in einer diagonalen Position statt. Befindet sich der Oberkörper parallel zum Boden, kann im Rumpf keine neutrale Position eingenommen werden. In dieser Diagonalposition können der Rücken gestreckt, der Unterbauch aktiviert und das Brustbein gehoben werden. Der Kopf befindet sich in der Verlängerung der Körperlängsachse und die Schulterblätter sind verankert. Jetzt kann der Oberkörper einfach aufgerichtet werden.

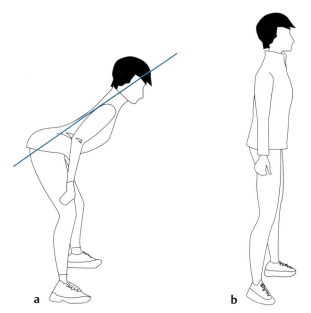

Abb. **2.2 a, b** Den Oberkörper durch Aufrichten in eine aufrechte Position bringen.
**a** Streckung in die neutrale Rumpfposition in einer diagonalen Position.
**b** Danach Aufrichtung des Oberkörpers.

Mobilisieren als Vorbereitung

## Mobilisation der Halswirbelsäule

Die Mobilisationen der Halswirbelsäule werden mit replatzierten Schulterblättern gemacht, um so viele Muskeln wie möglich in die Bewegung einzubeziehen.

Ausgangslage für beide Mobilisationen ist die aufrechte Haltung, die Arme außenrotiert, die Schulterblätter nach unten gezogen. Dann wird der Kopf geneigt (Abb. 2.3) bzw. gedreht (Abb. 2.4).

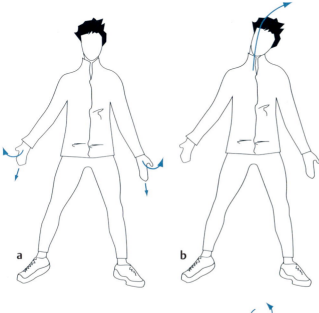

Abb. 2.3 a, b Mobilisation der Halswirbelsäule mit Kopfneigung. a Ausgangslage: aufrechte Haltung, die Arme vor der Körperlängsachse außenrotiert, die Schulterblätter aktiv nach unten gezogen.
b Mit langsamen, genussvollen Bewegungen den Kopf nach rechts und nach links neigen.

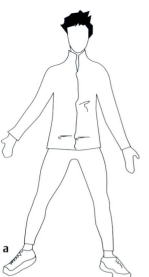
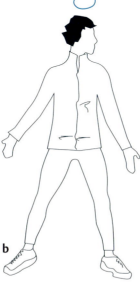

Abb. 2.4 a, b Mobilisation der Halswirbelsäule mit Kopfdrehung. a Ausgangslage: aufrechte Haltung, die Arme vor der Körperlängsachse außenrotiert, die Schulterblätter aktiv nach unten gezogen.
b Mit langsamen, genussvollen Bewegungen den Kopf nach rechts und nach links drehen.

## Mobilisation der Schulter

Um den Stoffwechsel in der Schulter- und Nackenmuskulatur zu aktivieren, eignen sich Mobilisationen ausgezeichnet. Die Bewegungen müssen so groß wie möglich sein:

- Schultern nach hinten kreisen (Abb. 2.5),
- Außenrotation der Arme (Abb. 2.6),
- Schultern heben und senken (Abb. 2.7).

Abb. 2.5 Ausgangslage: aufrechte Haltung mit stabilem Rumpf. Die Schultern werden immer nach hinten gekreist, der Bewegungsakzent ist nach hinten und nach unten.

Abb. 2.6 Ausgangslage: aufrechte Haltung, die Arme vor der Körperlängsachse. Die Arme aus der neutralen Position maximal nach außen rotieren. Am Schluss in der Endposition mit kleinen Wippbewegungen zusätzliche Außenrotationsakzente setzen.

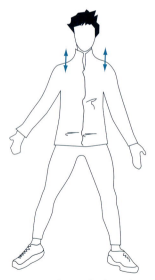

Abb. 2.7 Ausgangslage: aufrechte Haltung, die Arme vor der Körperlängsachse. In der maximalen Außenrotation. Die Schultern heben und senken. Am Schluss in der replatzierten (tiefen) Schulterposition zusätzliche Akzente nach unten setzen. Als weitere Verstärkung kann in der neuen Endposition das Brustbein zusätzlich angehoben werden.

## Mobilisation der Wirbelsäule mit den Nordic-Walking-Stöcken

Wirbelsäulenmobilisation ist auch mit Hilfe der Nordic-Walking-Stöcke möglich. Dazu wird der Oberkörper auf den Stöcken abgestützt, die Wirbelsäule wird gebeugt und gestreckt, das Körpergewicht ist auf den Stöcken abgestützt (Abb. 2.8).

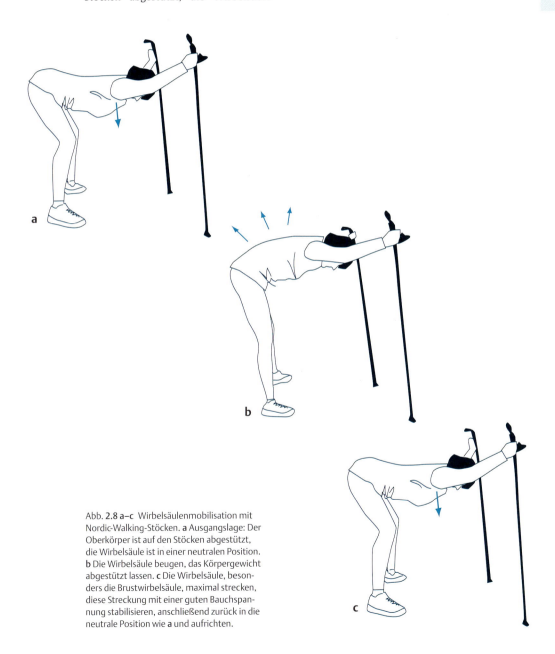

Abb. 2.8 a–c Wirbelsäulenmobilisation mit Nordic-Walking-Stöcken. a Ausgangslage: Der Oberkörper ist auf den Stöcken abgestützt, die Wirbelsäule ist in einer neutralen Position. b Die Wirbelsäule beugen, das Körpergewicht abgestützt lassen. c Die Wirbelsäule, besonders die Brustwirbelsäule, maximal strecken, diese Streckung mit einer guten Bauchspannung stabilisieren, anschließend zurück in die neutrale Position wie a und aufrichten.

## Seitneigung und Rotation mit den Nordic-Walking-Stöcken

Kontrollierte Seitneigungen und Rotationen eignen sich einerseits, um die Körperkontrolle und die Bewegungskontrolle zu verbessern, andererseits wärmen sie auch wunderbar (Abb. 2.9 u. 2.10).

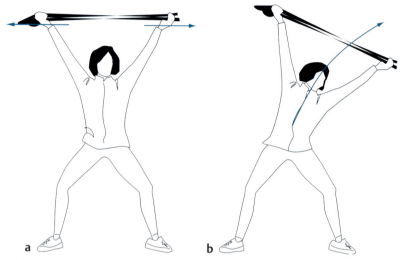

Abb. **2.9 a, b** Seitneigung mit Nordic-Walking-Stöcken. **a** Ausgangslage: Oberkörper maximal stabilisiert in neutraler Stellung, die Schultern replatziert (aktiv nach unten gezogen). **b** Mit größtmöglicher Längsspannung zur Seite neigen, dabei die Schultern aktiv nach unten ziehen. Die Schulterblattfixation kann durch ein Auseinanderziehen der Stöcke verbessert/verstärkt werden.

Abb. **2.10 a, b** Rotation mit Nordic-Walking-Stöcken. **a** Ausgangslage: Oberkörper maximal stabilisiert in neutraler Stellung, die Schultern replatziert. **b** Mit größtmöglicher Längsspannung in beide Richtungen rotieren, das Becken und die Knie müssen absolut ruhig stabilisiert werden. Die Schulterblattfixation kann durch ein Auseinanderziehen der Stöcke verbessert/verstärkt werden.

## Gegenbewegung zur Beugehaltung

Die Gegenbewegung ist für alle, die überwiegend sitzenden Tätigkeiten nachgehen, äußerst wertvoll. Sie relativiert einseitige „neurale Beugeprogramme" und aktiviert die aufrechte Haltung. Die Gegenbewegung kann als Abschluss der Mobilisationen und/oder als Abschluss des Nachdehnens ausgeführt werden (Abb. 2.11).

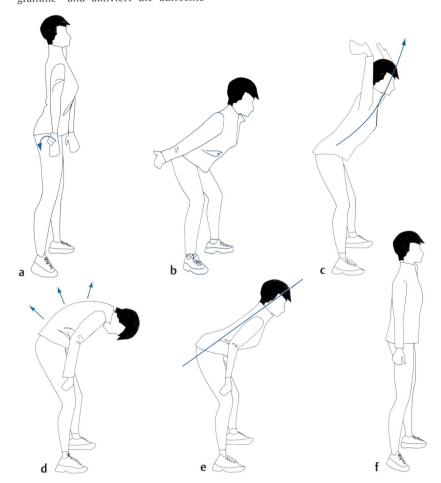

Abb. 2.11 a–f Gegenbewegung zur Beugehaltung. **a** Ausgangslage: Stabile Grätschstellung einnehmen, den Thorax, das Brustbein heben, sodass eine natürliche Lendenlordose entsteht. Die Arme vor der Körperlängsachse intensiv nach außen rotieren, vier bis acht Wiederholungen. Die Außenrotation halten, anschließend die Schulterblätter senken und gleichzeitig das Brustbein heben, vier bis acht Wiederholungen. **b** Die Knie beugen, den Oberkörper in eine Vorlage neigen (nicht beugen), dann die Arme stark nach hinten und nach unten ziehen. Die Bewegung kann auch dynamisch ausgeführt werden – atmen. **c** Arme zurück nach vorn bringen, diagonal nach oben heben und die Schultern nach unten platzieren. Die Vorlage halten oder erneut einnehmen, jetzt die Arme nach hinten ziehen. Die Bewegung kann auch dynamisch ausgeführt werden – atmen. Die Arme außenrotiert hinten mit einem maximalen Kreis nach unten bringen, auf den Oberschenkeln abstützen. **d – f** Eine kleine Mobilisation ausführen und anschließend den Körper aufrichten.

## Walking-Nachdehnen

Alle hier vorgestellten Übungen werden zur Ausführung empfohlen. Es muss aber immer überprüft werden, ob sich die gewählte Übung für die Teilnehmer eignet. Die gewählte Übung muss den Fähigkeiten und der bereits vorhandenen Beweglichkeit der Teilnehmer entsprechen. Die vorgestellten Übungen können jederzeit angepasst, erschwert oder vereinfacht werden.

### Richtige Dehnbereiche für Walking

Im ersten Teil werden Übungen zu den Pflichtdehnbereichen, wie sie im Grundlagenbuch „Stretching und Beweglichkeit" definiert sind, aufgezeigt: Oberschenkel hinten, Oberschenkel vorn, Oberschenkel innen, Brustkorb vorn und Hals. Anschließend Ergänzungen, die die Bewegungsabläufe des (Nordic) Walkings ausgleichen. Der Leistenbereich mit dem Illiopsoas darf beim (Nordic) Walken ebenfalls gedehnt werden.

Im Dehnablauf selbst spielt die Reihenfolge der Übungen nur insofern eine Rolle, als der Ablauf harmonisch und angenehm sein soll.

### Was wird nicht gedehnt?

Die Muskulatur entlang der Brustwirbelsäule ist der einzige Körperbereich, der nicht gedehnt wird. Mehr Beugereize der Wirbelsäule sind für keinen Teilnehmer von Wert. Alle Menschen unterliegen den ganzen Tag der Schwerkraft und vielen weiteren Beugeeinwirkungen. Zusätzlich dürfen wir die Osteoporosegefahr nicht unterschätzen. Je älter die Teilnehmer sind, desto größer ist eine Osteoporosetendenz: Aktive Beugung ist in diesem Fall immer falsch!

### Dehndauer

Die Übungen können mit der gewählten Dehntechnik zwischen fünfzehn bis neunzig Sekunden durchführt werden.

### Dehnintensität

Mit der vorgegebenen Bewegung die Dehnung in eine mittlere, angenehme Intensität erhöhen.

### Empfohlene Dehntechnik

Für das Nachdehnen werden das bewegt-statische und intermittierende Dehnen empfohlen.

### Wann nachdehnen?

Das Nachdehnen kann immer unmittelbar an das Training angeschlossen werden. Nach hochintensivem Training soll dem Nachdehnen ein Cool-down vorausgehen.

### Empfohlene Hilfsmittel

Für das Nachdehnen nach Walking und Nordic Walking eignen sich Parkbänke ideal, Bäume, Mäuerchen, Steine, Baumstämme. Natürlich können die Stöcke des Nordic Walkens sehr gut eingesetzt werden und den Nachteil, dass man sich nicht auf den Boden setzen und legen kann, problemlos ausgleichen.

## Ausführungsempfehlungen des Nachdehnens

Für effizientes Dehnen empfiehlt es sich, einen Dehnablauf zu kreieren und bei diesem Ablauf zu bleiben, bis die Teilnehmer diesen gut auswendig gelernt haben und ihn bei Bedarf ohne Trainerunterstützung ausführen können – und nicht, wie bei anderen Trainingsreizen, die Übungen oder den Dehnablauf immer wieder zu ändern. Die Übungen können etwas erweitert werden oder es können zusätzliche Übungen eingefügt werden. Fortschritte beim Dehnen bedeuten, dass das Dehngefühl angenehmer wird und die Dehnungen noch präziser ausgeführt werden können. Folgendes Vorgehen wird empfohlen:

- Die Dehnposition einnehmen – die Aufmerksamkeit in die Dehnung bringen.
- Mit der vorgegebenen Bewegung die Dehnung auf eine mittlere, angenehme Intensität erhöhen.
- Die Übung mit der gewählten Dehntechnik – bewegt-statisch oder intermitierend – während fünfzehn bis neunzig Sekunden durchführen.
- Während der Dehnung ruhig und bewusst weiteratmen und achtsam die Veränderung im Körper beobachten.
- Die Übergänge von Übung zu Übung sollen konzentriert und geführt sein, sodass die Konzentration erhalten bleibt und die Teilnehmer zur Ruhe kommen.

## 2.1 Sinnvolle Nachdehnübungen für das (Nordic) Walking

### Dehnung der rückwärtigen Oberschenkelmuskulatur

#### Zu vermeiden:

Bei der Dehnung der rückwärtigen Oberschenkelmuskulatur ist darauf zu achten, dass die Bandscheiben nicht belastet werden und die Dehnung nicht im Rücken-Becken-Bereich stattfindet. Das Standbein soll nicht hinter dem Hüftgelenk stehen, das Knie nicht überstreckt sein.

Des Weiteren muss darauf geachtet werden, dass die Dehnung nicht ausschließlich auf den Ischiasnerv gesetzt wird, denn diese Ausführung (Abb. 2.12) verhindert einen sinnvollen Dehnreiz im muskulär-bindegewebigen Bereich.

#### Zu empfehlen:

Um einen optimalen und umfassenden Dehnreiz zu setzen, wird die Dehnung des rückwärtigen Oberschenkels immer gleich aufgebaut.

Entsprechend gilt die hier beschriebene Anleitung für alle nun folgenden Übungen. Sie ist in drei Schritte unterteilt, die den jeweiligen Abbildungsfolgen (jeweils Teilabbildungen **a, b** und **c**) zu den Übungen entsprechen:

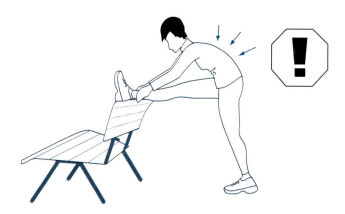

Abb. **2.12** Bei der Dehnung der rückwärtigen Oberschenkelmuskulatur den Dehnreiz nicht ausschließlich auf den Ischiasnerv setzen.

# Dehnung der rückwärtigen Oberschenkelmuskulatur

- Ausgangslage: Das Spielbein ist leicht gebeugt, der Fuß entspannt. Dann wird der gestreckte Oberkörper nach vorn geneigt und das Becken nach hinten geschoben, bis die Dehnspannung gut spürbar ist, jetzt wird der Dehnreiz über die Beckenkippung verstärkt. (In der Dehnposition kann keine „Hohlkreuzbelastung" auf die Lendenwirbelsäule ausgeübt werden.)
- Als nächste Steigerung wird das Knie gestreckt, das Becken weiterhin kippen.
- Als dritte Position darf der Fuß angezogen werden, der Ischiasnerv kommt jetzt unter Zugspannung, dabei ist das Dehngefühl sehr intensiv. Diese Position wird nur kurz gehalten, die „Flexbewegung" kann aber zwei- bis dreimal wiederholt werden. In der Flexposition wird nicht dynamisch gedehnt.

Dieser Übungsaufbau gilt – wenn möglich – immer.

## Übung 1 (Abb. 2.13)

Übungsausführung wie oben beschrieben.

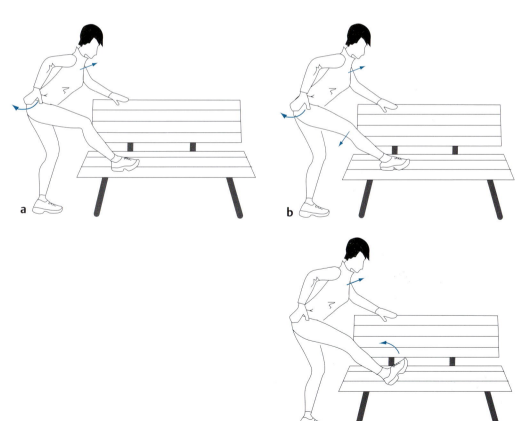

Abb. 2.13 a–c Nachdehnübung auf der Parkbank.

PRAXIS | 2.1 Sinnvolle Nachdehnübungen für das (Nordic) Walking

## Übung 2 (Abb. 2.14)

Übungsausführung wie auf S. 47 beschrieben.

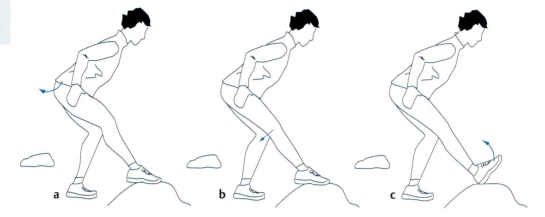

Abb. 2.14 a–c  Nachdehnübung auf Baumstamm, Stein oder anderer niedriger Aufstützfläche.

## Übung 3

Diese Ausgangslage (Abb. 2.15) eignet sich für die Ischio-Dehnung, für die Dehnung des Brustkorbes und als Kombination Ischio-Brustkorb-Dehnung.

Aus der Grätschposition mit leicht gebeugten Knien die Arme gut und stabil aufgestützt den Brustkorb nach unten senken. Dann abwechslungsweise das Becken kippen und anschließend mit stabilisiertem Becken die Knie etwas mehr strecken.

Als weiterführende Übung eignet sich die Seitschiebung des Beckens.

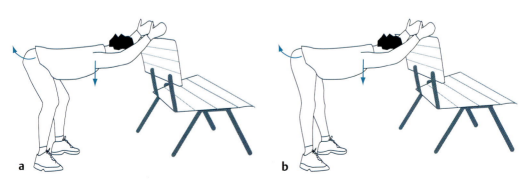

Abb. 2.15 a, b  Ischio-Dehnung: Hängebrücke an der Parkbank.

Dehnung der rückwärtigen Oberschenkelmuskulatur

## Übung 4

Die Beckenkippung und die Lordosierung der Lendenwirbelsäule (LWS) sind am Anfang ungewohnt und müssen erlernt werden. Der Oberkörper wird immer mit den Unterarmen auf den Oberschenkeln abgestützt (Abb. 2.16).

Abwechslungsweise das Becken mehr kippen und anschließend mit stabilisiertem Becken die Knie etwas mehr strecken.

Als weiterführende Übung eignet sich die Seitschiebung des Beckens (s. S. 57).

Abb. 2.16 Sumo. Beckenkippung und Lordosierung der LWS, Unterarme auf den Oberschenkeln abgestützt.

## Übung 5

Übungsvariante mit Walking-Stöcken. Kann der Fuß des Spielbeines nicht auf einer Erhöhung platziert werden, ist die Ausgangsstellung nicht ideal. Als Trick, um trotzdem einen intensiven Dehnreiz zu setzen, kann mit der Vorstellung gearbeitet werden, dass der Fuß auf dem Boden „festklebt" und das Becken nach hinten weggezogen wird (s. Pfeile). Auch in dieser Übungsvariante soll die Dehnung über die Beckenkippung verstärkt werden (Abb. 2.17).

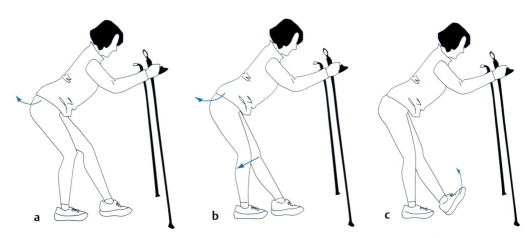

Abb. 2.17 a–c Übungsvariante mit Walking-Stöcken. Es wird mit der Vorstellung gearbeitet, der Fuß sei am Boden „festgeklebt". Hierdurch wird die Dehnung über die Beckenkippung verstärkt.

## Übung 6

Wiederum eine Übungsvariante mit Walking-Stöcken. Die Beine sind leicht außenrotiert, die Knie gebeugt, die Hände etwas weiter als schulterbreit auseinander. Bei der Ischio-Dehnung den Akzent über die Beckenkippung in den rückwärtigen Oberschenkel setzen, Arme und Thorax stabil halten (Abb. **2.18**).

Als weiterführende Übung eignet sich die Seitschiebung des Beckens.

Als Variante kann die Übung im Ausfallschritt durchgeführt werden.

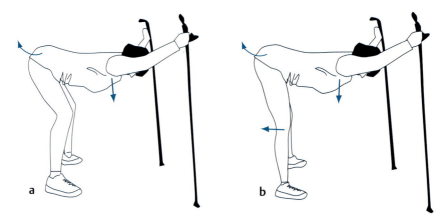

Abb. **2.18 a, b** Übungsvariante mit Walking-Stöcken. Ischio-Dehnung mit Akzent über die Beckenkippung.

## Dehnung der vorderen Oberschenkelmuskulatur

Die Dehnpflicht richtet sich ausdrücklich an den M. rectus femoris und nicht an die Leiste oder den M. iliopsoas. Beim (Nordic) Walking sollte jedoch auch der Leistenbereich gedehnt werden. Denjenigen (Nordic) Walking-Teilnehmern, die eine Haltungsschwäche wie auf Abb. **2.20 a, b** dargestellt haben, raten wir von hohen passiven Dehnreizen im Leistenbereich ab (Kapselbelastung). Diese sollen den Leistenbereich eher mobilisieren. Aktive Dehnungen wie Übung **2.23 a, b** und **2.24 b** werden immer empfohlen.
Ebenfalls sollen Leistendehnungen vermieden werden, wenn diese die Hüftgelenkkapsel belasten (Abb. **2.20**). Dies geschieht üblicherweise bei folgenden Haltungsschwächen, Beckenschub und/oder Beckenaufrichtung.

### Zu vermeiden:

Bei der Dehnung des Oberschenkels vorn soll die Dehnung der Außenbänder des Fußes vermieden, das Knie nicht abgespreizt oder vor der Körperlängsachse platziert und das Standbein nicht überstreckt werden (Abb. **2.19**).

Abb. **2.19** Bei der Dehnung der vorderen Oberschenkelmuskulatur zu vermeiden.

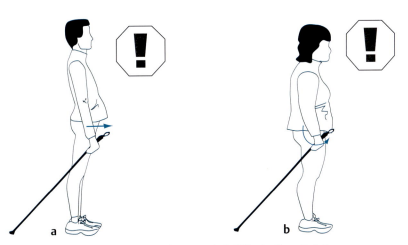

Abb. **2.20 a, b** Leistendehnungen vermeiden, wenn sie die Hüftgelenkkapsel belasten.

PRAXIS | 2.1 Sinnvolle Nachdehnübungen für das (Nordic) Walking

## Übung 1

Klassische Übung zur Dehnung der vorderen Oberschenkelmuskulatur. Die Übung wird mit einem geöffneten Kniewinkel im Spielbein ausgeführt. Der Dehnreiz wird durch das Aufrichten des Beckens bewirkt.

Zur Verstärkung der Dehnung kann das Knie bei fixiertem Becken etwas weiter nach hinten gezogen und anschließend sogar der Fuß an das Gesäß herangezogen werden (Abb. 2.21).

Abstützen, wann immer möglich, ist günstig, damit die Muskulatur nicht mit dem Halten des Gleichgewichts beschäftigt ist, sondern der Dehnreiz optimal gesetzt werden kann.

Für Knieverletzte gibt es eine Variante (Abb. 2.22 a). Kann der Fuß nicht in die Hand gelegt werden, eignet sich eine hohe Abstützung für die Dehnung. Standbein leicht gebeugt, die Dehnung über die Beckenaufrichtung verstärken.

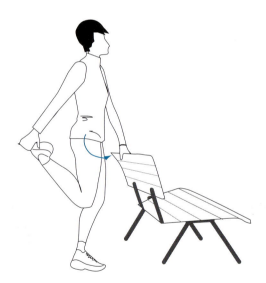

Abb. 2.21  Klassische Übung zur Dehnung der vorderen Oberschenkelmuskulatur.

Dehnung der vorderen Oberschenkelmuskulatur

## Übung 2

Leistendehnung: M. pectineus, M. iliopsoas, M. tensor fasciae latae. Abbildung **2.22** zeigt eine Ausgangsposition, in der der Dehnreiz auch auf den M. rectus femoris wirkt.

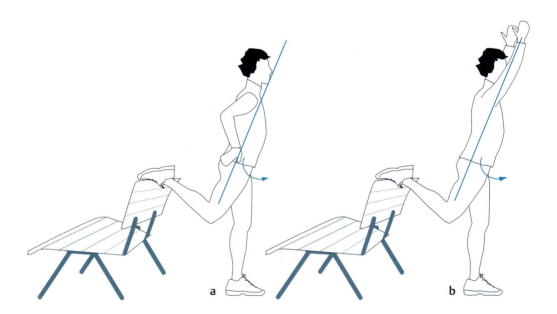

Abb. **2.22 a, b** Leistendehnung. **a** In dieser Ausgangsposition wirkt der Dehnreiz auf den M. rectus femoris und auf den Leistenbereich. **b** Fortgeschrittene Teilnehmer dürfen die Arme nach oben strecken und den Oberkörper mit voller Stabilisation (Unterbauch nach innen) in die Streckung bringen.

## Übung 3

Leistendehnung mit abgehobenem hinterem Bein. Durch Abheben des Beines entsteht eine aktive Dehnung (Abb. 2.23).

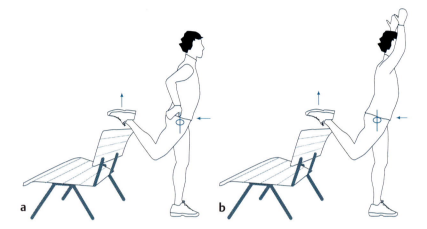

Abb. 2.23 a, b  Leistendehnung mit abgehobenem Bein. **a** Wird das Bein in der Dehnposition bei stabiler Beckenposition abgehoben, entsteht eine aktive Dehnung. **b** Fortgeschrittene Teilnehmer dürfen die Arme nach oben strecken und den Oberkörper mit voller Stabilisation (Unterbauch nach innen) in die Streckung bringen.

## Übung 4

Passive Dehnung, die ausschließlich auf den Leistenbereich wirkt (Abb. 2.24 a).

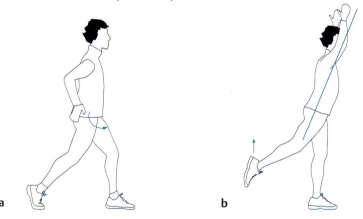

Abb. 2.24 a In dieser passiven Dehnung wirkt der Dehnreiz nur auf den Leistenbereich, deshalb eignet sich diese Übung nicht für Teilnehmer mit Haltungsinsuffizienz und Flachrückenhaltungen. **b** Diese aktive Variante eignet sich für alle Teilnehmer.

Dehnung der vorderen Oberschenkelmuskulatur

## Übung 5

Übung, bei der die Walking-Stöcke zur Stabilisation verhelfen (Abb. 2.25).

Abb. 2.25 Leistendehnung mit Walking-Stöcken. Die Stabilisation und das Gleichgewicht können verstärkt werden, indem das Schulterblatt aktiv nach unten gezogen wird. Dabei die Dehnung über die Beckenaufrichtung verstärken.

## Übung 6

Wie in Abb. 2.24 a wirkt auch hier der Dehnreiz ausschließlich auf den Leistenbereich (Abb. 2.26 a).

a

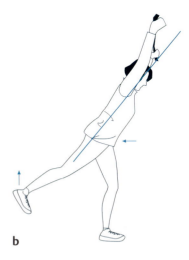
b

Abb. 2.26 a In dieser Ausgangsposition wirkt der Dehnreiz nur auf den Leistenbereich, deshalb eignet sich diese Übung nicht für Teilnehmer mit Haltungsinsuffizienz und Flachrückenhaltungen. b Die aktive Dehnung unter Einbeziehung der ganzen vorderen Muskelkette eignet sich für alle Teilnehmer. Die Schulterblattfixation kann durch ein Auseinanderziehen der Stöcke verbessert/verstärkt werden.

PRAXIS | 2.1 Sinnvolle Nachdehnübungen für das (Nordic) Walking

## Dehnung der Innenmuskeln des Oberschenkels

Bei Dehnungsübungen mit gestreckten Knien wird auch der zweigelenkige M. gracilis gedehnt, bei gebeugten Knien die vier eingelenkigen Oberschenkelanzieher.

Damit ein Dehnreiz in den Adduktoren wirken kann, muss das Becken in einer neutralen Position sein. Ist das Becken aufgerichtet, das heißt, der Rumpf in einer Beugeansteuerung, dann arbeiten die Adduktoren konzentrisch und der Weg in die Exzentrik ist gebremst.

Dies sind Positionen, die einerseits die Gelenke belasten, andererseits ist eine Beweglichkeitsverbesserung so nicht möglich (Abb. **2.27**).

### Zu empfehlen:

In den stehenden Positionen muss das Becken neutral, die Lendenwirbelsäule in einer natürlichen Lordose sein. Die Dehnung wird mit einer Beckenkippung verstärkt (Abb. **2.28**).

### Zu vermeiden:

Innenrotierte Hüftgelenke, gedehnte Außenbänder der Füße, gebeugte Rücken, gebeugte Rücken mit Rotation.

Abb. **2.27** Bei der Dehnung der Innenmuskeln der Oberschenkel zu vermeiden.

Abb. **2.28** Sumo: Becken neutral, LWS in natürlicher Lordose, Unterarme auf den Oberschenkeln.

# Dehnung der Innenmuskeln des Oberschenkels

## Übung 1

Aus der Sumo-Position das Becken zur Seite schieben. Die Bewegung findet zuerst überwiegend im Hüftgelenk statt, so kommt man gut an den M. pectineus und den M. adductor brevis nah am Hüftgelenk.

Anschließend kann die Dehnung durch Beugen des Standbeines verändert und verstärkt werden (Abb. 2.29).

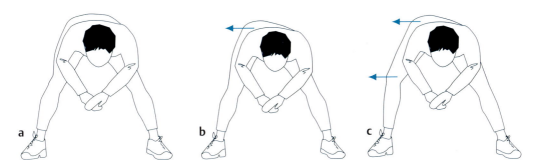

Abb. 2.29 a–c Sumo mit Seitschiebung des Beckens.

## Übung 2

Diese Position braucht, um korrekt durchgeführt zu werden, sehr viel Muskelaktivität. Wenn die Teilnehmer einen deutlichen Dehnreiz spüren, ist die Übung sinnvoll, ansonsten soll eine andere Variante gewählt werden (Abb. 2.30).

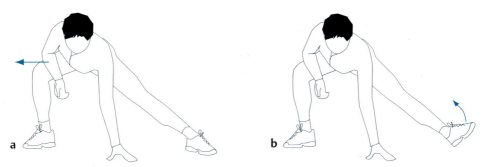

Abb. 2.30 a, b Mit der Hand auf dem Boden abstützen, das Becken weiter zur Seite schieben, die Dehnung mit einer Beckenkippung verstärken. Achtung: gute Fuß- und Beinachsen, keine Innenrotation im Spielbein. Der Flexfuß des gedehnten Beines vereinfacht die korrekte Achsenführung des Beines.

PRAXIS | 2.1 Sinnvolle Nachdehnübungen für das (Nordic) Walking

## Übung 3

Einfacher und sehr empfehlenswert ist die Beckenseitschiebung mit Abstützung auf der Lehne der Parkbank (Abb. 2.31).

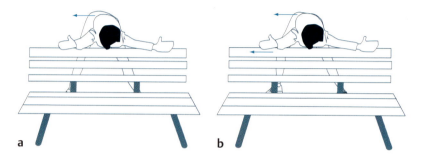

Abb. 2.31 a, b Hängebrücke auf der Parkbank mit Seitschiebung. In der Ausgangslage, mit gekipptem Becken, das Becken zur Seite schieben, als Variante den Fuß des Spielbeins anziehen.

## Übung 4

Die Seitschiebung ist auch mit Hilfe der Stöcke empfohlen (Abb. 2.32). Bei dieser Variante ist das stabile Halten des Oberkörpers etwas schwieriger, wenn die Teilnehmer dies nicht können, die Parkbankvariante wählen.

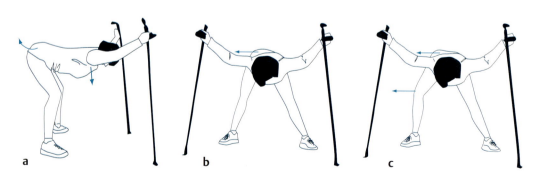

Abb. 2.32 a–c Seitschiebung mit Walking-Stöcken. a Ausgangslage. b Das Becken zur Seite schieben. c Mit der Beugung des Knies die Dehnung verstärken.

## Dehnbereich Brustkorb vorn

### Zu vermeiden:

Bei den Brustkorbdehnungen wird fälschlicherweise häufig v. a. die Kapsel des Schultergelenks gedehnt, was einer Fehlbelastung entspricht (Abb. **2.33**). Der Arm und die Schulter müssen so platziert sein, dass die Dehnung auf muskulär-bindegewebige Anteile wirkt.

Dehnungsübungen für den Brustkorb vorn sind zum Teil maximale Streckungen der Brustwirbelsäule. Diese Streckungen sind nicht wirbelsäulenbelastend, im Gegenteil: Sie sind ein wichtiger Ausgleich zu den überwiegenden alltäglichen Beugepositionen der Wirbelsäule.

Abb. **2.33** Bei der Dehnung des Brustkorbs vorn ist die Dehnung der Schultergelenkkapsel zu vermeiden.

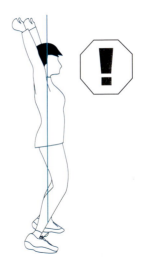

Abb. **2.34** Bei der Streckung der ventralen Muskelkette ist ein Überhang zu vermeiden.

Bei den stehenden Streckungen ist es wichtig, einen Überhang zu vermeiden, die senkrechte Körperposition gilt auch als Überhang.

Streckungen der ganzen ventralen Muskelkette sind wertvoll (Abb. **2.34**). Um Fehlbelastungen auf die Wirbelsäule zu vermeiden, empfehlen wir diese immer in einer Vorlage auszuführen.

### Zu empfehlen:

Um die ganze Rückenmuskulatur gut zu aktivieren, achten wir darauf, dass bei den Streckungen der Oberkörper nach vorn geneigt ist (Schulter weiter vorn als das Becken). Das gehobene Brustbein und die Rumpfrotation bringen wiederum die Dehnung in die ganze ventrale Muskelkette.

PRAXIS | 2.1 Sinnvolle Nachdehnübungen für das (Nordic) Walking

## Übung 1

Im Gegensatz zu Abb. 2.33 wird hier die korrekte Dehnposition gezeigt (Abb. 2.35).

Abb. 2.35 Um den Dehnreiz korrekt zu setzen, müssen das Brustbein gehoben, der Arm abduziert, außenrotiert und das Schulterblatt gesenkt sein. Dann kann die Dehnposition eingenommen und anschließend mit einer Bewegung die Dehnung verstärkt werden.

## Übung 2

Die in Abb. 2.36 gezeigte Streckung kann als aktive Dehnung betrachtet werden. In der Wahrnehmung kann der Dehnreiz kleiner sein als die Wahrnehmung des Krafteinsatzes im Schulter-Rücken-Bereich. Die Übung gilt als perfekte Ausgleichübung zu Beugehaltungen (s. Kap. „Gegenbewegung zur Beugehaltung", S. 43), als Dehnungsübung hat sie eine mittlere Wirkung.

Abb. 2.36 Oberkörper in eine deutlich sichtbare Neigung nach vorn bringen. Als Abschluss können die Arme in einem Halbkreis hinten nach unten geführt werden, das vergrößert die Anteile des Brustmuskels, die unter Zugspannung kommen.

Dehnbereich Brustkorb vorn

## Übung 3

Die Hängebrücke mit Akzent im Brustkorb (Abb. 2.37) stellt eine gute Kombination von Ischio- und Brustkorbdehnung dar. Als Aufbau und zum Erlernen der Dehnung eignen sich aus der gleichen Ausgangslage Mobilisationsbewegungen.

Abb. 2.37 Hängebrücke mit Akzent im Brustkorb.

## Übung 4

Mit den (Nordic) Walking-Stöcken als Hilfsmittel sind der Bewegungsweg und die Kontrolle der Armhöhe bzw. des Schultergelenks einfacher (Abb. 2.38). Werden die Schulterblätter aktiv gesenkt, kann der Dehnreiz auch auf den Pectoralis minor wirken.

Abb. 2.38 Übungsvarianten mit Walking-Stöcken. Ausgangslage: Oberkörper in einer deutlich sichtbaren Neigung. Die Schulterblattfixation kann durch ein Auseinanderziehen der Stöcke verbessert/verstärkt werden.

## Übung 5

Übung 5 zeigt eine gute Kombination von Ischio- und Brustkorbdehnung (Abb. 2.39). Die Variante mit den Nordic) Walking-Stöcken ist etwas anspruchsvoller zum Stabilisieren der Arme und Schultern. Eine Kapselbelastung im Schultergelenk (Arme zu weit geöffnet, Schulter innenrotiert) muss unbedingt vermieden werden.

Als Aufbau und zum Erlernen der Dehnung eignen sich aus der gleichen Ausgangslage Mobilisationsbewegungen.

Abb. 2.39 Brustkorbdehnung mit den Walking-Stöcken.

## Dehnbereich Hals und Nacken

### Zu vermeiden:

Bei der Dehnung des Halsbereichs ist darauf zu achten, dass keine Belastungen („Schubbewegungen") auf die Bandscheiben, Wirbel und dazugehörigen Nerven ausgeübt werden. Deshalb raten wir von zusätzlichem Druck oder Ziehen des Kopfes in eine bestimmte Richtung ab (Abb. **2.40**). Das Ausführen des hinteren Halbkreises mit dem Kopf wird weiterhin nicht empfohlen. Überhang vermeiden.

### Übung 1

Aus dieser Ausgangsposition empfiehlt es sich, den Kopf in beide Richtungen zu neigen (Abb. **2.41**), den Hals immer in einer aktiven Längsspannung halten. Der Kopf kann vorn auch gekreist werden.

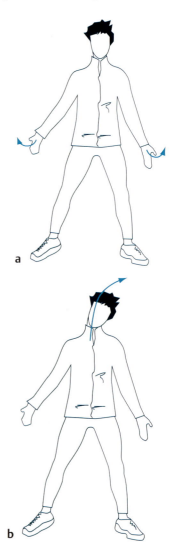

Abb. **2.40** Bei der Dehnung des Halsbereichs zu vermeiden.

### Zu empfehlen:

Am besten erreicht man die zu dehnenden Muskelanteile aus folgender Ausgangsposition: Oberkörper in neutraler Position, Drei-Punkte-Belastung der Füße, die Arme vor der Körperlängsachse außenrotiert, die Schultern aktiv nach unten replatziert.

Abb. **2.41 a, b** Seitneigung des Kopfes in beide Richtungen.

Dehnbereich Hals und Nacken

## Übung 2

Ausgangsposition und Rotation des Kopfes (Abb. 2.42).

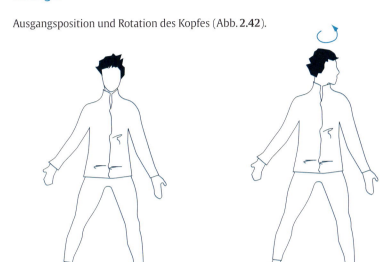

Abb. 2.42 a, b  Rotation des Kopfes in beide Richtungen.

## Übung 3

Ausgangsposition und Flexion des Kopfes (Abb. 2.43).

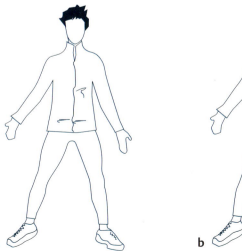
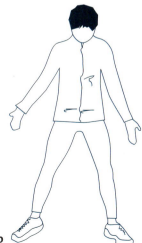

Abb. 2.43 a, b  Flexion des Kopfes.

PRAXIS | 2.1 Sinnvolle Nachdehnübungen für das (Nordic) Walking

## Dehnbereich Bauch-Beuger-Kette

Der gerade Bauchmuskel kann fast nicht isoliert gedehnt werden. Er wird über die Funktionskette Bauch-Brustkorb-Arme gedehnt und somit bei den Dehnungen des Brustkorbes vorn und der Gegenbewegung zur Beugehaltung immer mitgedehnt (wenn das Becken in einer neutralen Position ist).

### Zu vermeiden:

Die Wirbelsäule darf bei dieser Übung nicht belastet werden, die Übung ist daher immer in leichter Vorlage auszuführen. Das Becken darf nicht in die Kippung gepresst werden.

Die maximale Streckung wird aus dem Brustkorb erarbeitet, die Lendenwirbelsäule wird über die Unterbauchspannung stabilisiert (Abb. **2.44**).

### Zu empfehlen:

Die Streckung des Rumpfes soll in einem harmonischen Bogen mit aktivem M. transversus ausgeführt werden.

Dass die Rückenmuskulatur auf diese Übung stark reagiert (Muskelkater), ist normal, da diese üblicherweise exzentrisch arbeitet und die intensiven konzentrischen Ansteuerungen nicht kennt. Klagen die Teilnehmer über Druck im LWS-Bereich, muss die Beckenposition überprüft werden, das Becken darf nicht in die Kippung gepresst werden, die zentrale Stabilisation muss mit dem Transversus gehalten werden.

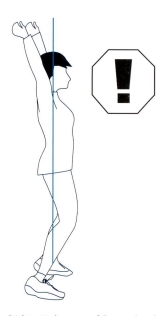

Abb. **2.44** Die Übung soll immer in einer leichten Vorlage ausgeführt werden, den abgebildeten Überhang gilt es zu vermeiden.

Dehnbereich Bauch-Beuger-Kette

## Übung 1

Diese Übung zeigt die Gegenbewegung zur Beugehaltung (Abb. 2.45).

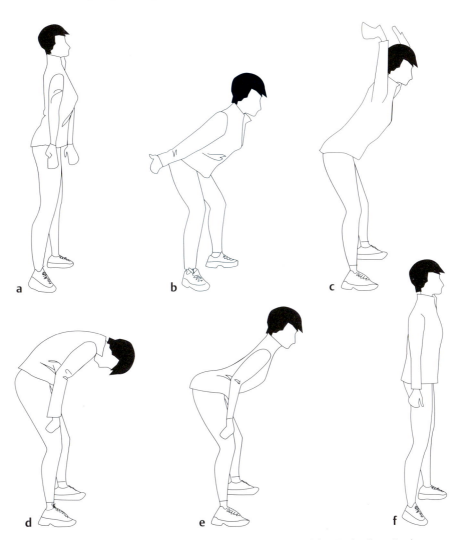

Abb. 2.45 a–f Gegenbewegung zur Beugehaltung. **a** Ausgangslage: Stabile Grätschstellung einnehmen, den Thorax, das Brustbein heben, sodass eine natürliche Lendenlordose entsteht. Die Arme vor der Körperlängsachse intensiv nach außen rotieren, vier bis acht Wiederholungen. Die Außenrotation halten, anschließend die Schulterblätter senken und gleichzeitig das Brustbein heben, vier bis acht Wiederholungen. **b** Die Knie beugen, den Oberkörper in eine Vorlage neigen, nicht beugen, dann die Arme stark nach hinten und nach unten ziehen. Die Bewegung kann auch dynamisch ausgeführt werden. Atmen. **c** Arme zurück nach vorn bringen, diagonal nach oben heben und die Schultern nach unten platzieren. Die Vorlage halten oder erneut einnehmen, jetzt die Arme nach hinten ziehen. Die Bewegung kann auch dynamisch ausgeführt werden. Atmen. Die Arme außenrotiert hinten mit einem maximalen Kreis nach unten bringen, auf den Oberschenkeln abstützen. **d – f** Eine kleine Mobilisation nur in der LWS ausführen und anschließend den Körper aufrichten.

PRAXIS | 2.1 Sinnvolle Nachdehnübungen für das (Nordic) Walking

## Übung 2

Bei dieser Übung kommt der M. rectus abdominis integriert über die ganze vordere Funktionskette in eine schöne Zugspannung (Abb. **2.46**). Die Schulterblattfixation kann durch ein Auseinanderziehen der Stöcke verbessert/ verstärkt werden.

Abb. **2.46** Übungsvariante mit Walking-Stöcken, die den M. rectus abdominis in Zugspannung bringt.

## Dehnbereich Gesäßmuskeln und Außenrotatoren

Für Personen, die eine Tendenz zu Ischiasschmerzen haben, kann die Dehnung dieses Bereichs sehr wichtig und angenehm sein. Bei akuten Ischiasschmerzen darf nicht gedehnt werden. Schmerzen, ausstrahlende Schmerzen, wiederkehrende Schmerzen müssen medizinisch abgeklärt werden.

### Zu vermeiden:

Wird die Dehnung mit einer Beugung des Rumpfes kombiniert, kann der M. piriformis nicht gut oder gar nicht erreicht werden (Abb. **2.47**).

In allen Dehnpositionen sollen der Dehnreiz und die Verstärkung des Dehnreizes über die Beckenkippung erfolgen.

Abb. **2.47** Bei der Dehnung der Gesäßmuskeln und Außenrotatoren zu vermeiden.

## Dehnbereich Gesäßmuskeln und Außenrotatoren

### Übung 1

Bei dieser Übung, ist es günstig, sich während der Dehnung, beispielsweise an einer Parkbank, abzustützen. Dies ist einer freien Position immer vorzuziehen (Abb. 2.48).

### Übung 2

Die Übung zeigt eine Piriformis-Dehnung mit Hilfe der Walking-Stöcke (Abb. 2.49).

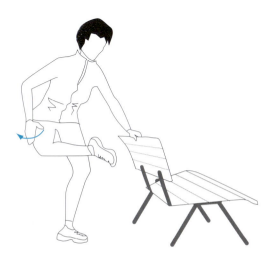

Abb. 2.48 Das Fußgelenk gut auf den Oberschenkel ablegen, keine Dehnung der Außenbänder des Fußes, den Oberkörper nach vorn neigen, die Dehnung mit einer Beckenkippung verstärken.

Abb. 2.49 Das Fußgelenk gut auf den Oberschenkel ablegen, keine Dehnung der Außenbänder des Fußes, den Oberkörper nach vorn neigen, die Dehnung mit einer Beckenkippung verstärken.

PRAXIS | 2.1 Sinnvolle Nachdehnübungen für das (Nordic) Walking

## Dehnbereich Wadenmuskulatur

Werden die Wadendehnungen mit gestrecktem Knie ausgeführt, wird hauptsächlich der M. gastrocnemius gedehnt, bei gebeugtem Knie der eingelenkige M. soleus. Beide Muskeln teilen sich die Achillessehne.

Wird die Dehnung frei im Raum ausgeführt, sind die Dehnwirkung und die Dehnwahrnehmung üblicherweise kleiner, als wenn – wie empfohlen – die Übung mit einem Widerstand ausgeführt wird.

Aus Erfahrungswerten (Laufsport) empfehlen wir, den M. soleus intensiver bzw. länger zu dehnen als den M. gastrocnemius ($2/3$ der Dehnzeit M. soleus – $1/3$ der Dehnzeit M. gastrocnemius).

### Übung 1

Übung mit einer Parkbank als Widerstand (Abb. 2.50).

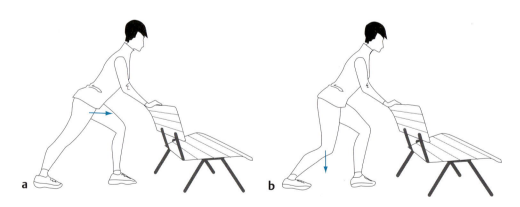

Abb. 2.50 a, b Dehnung der Wadenmuskulatur an einer Parkbank. a Das gedehnte Bein steht parallel, Ferse fest auf dem Boden verankern, über das Becken die Dehnung verstärken. b Bei der gebeugten Position muss manchmal der Fuß etwas näher am Standbein platziert werden.

Dehnbereich Wadenmuskulatur

## Übung 2

Übung an einem Baum als Widerstand (Abb. 2.51).

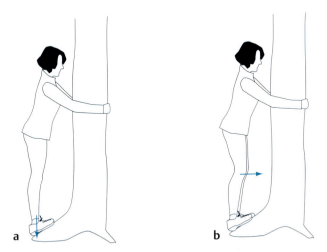

Abb. 2.51 a, b  Das Gewicht des Körpers nach unten sinken lassen, mit gestreckten (a) und mit gebeugten (b) Knien. Variante: abwechslungsweise ein Bein dehnen.

## Übung 3

Diese Übungsvariante fühlt sich üblicherweise sehr intensiv an und ist dann auch sehr wirksam. Bei Teilnehmern, deren Fußgelenk (Gelenkeinschränkungen) diese Position nicht zulässt, muss eine andere Übung gewählt werden (Abb. 2.52).

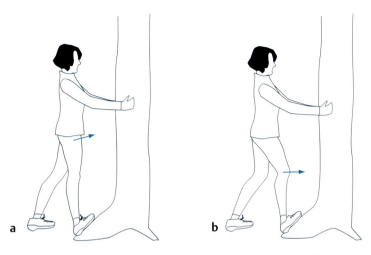

Abb. 2.52 a, b  Übung mit gestrecktem (a) und gebeugtem (b) Knie. Zur Verstärkung des Dehnreizes das Becken nach vorn schieben.

PRAXIS | 2.1 Sinnvolle Nachdehnübungen für das (Nordic) Walking

### Übung 4

Übungsvariante mit Walking-Stöcken (Abb. 2.53).

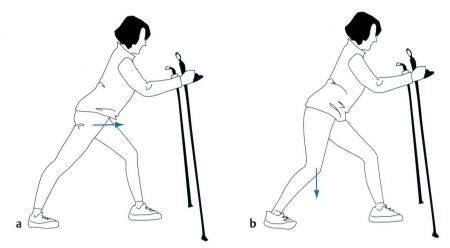

Abb. 2.53 a, b  Gestreckte und gebeugte Position an Walking-Stöcken. **a** Das gedehnte Bein steht parallel, Ferse fest auf dem Boden verankern, über das Becken die Dehnung verstärken. **b** Bei der gebeugten Position muss manchmal der Fuß etwas näher am Standbein platziert werden.

### Übung 5

Weitere Übung an Walking-Stöcken und mit einem Stein o. Ä. (Abb. 2.54).

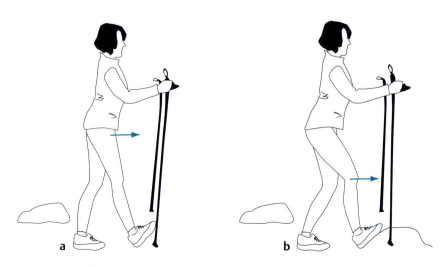

Abb. 2.54 a, b  Übung mit Hilfe eines Steins oder anderer niedriger Aufstützfläche. **a** Becken nach vorn schieben. **b** Das Knie nach vorn schieben.

Dehnbereich Wadenmuskulatur

## Übung 6

Hier werden die Walking-Stöcke eingesetzt, um die Fußballen an ihnen hochzustellen (Abb. **2.55**).

Abb. **2.55** Die Fußballen werden an den Walking-Stöcken hochgestellt. Das Knie nach vorne schieben.

## Übung 7

Übung an einer niedrigen Aufstützfläche (Abb. **2.56**).

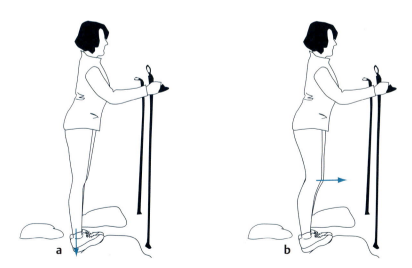

Abb. **2.56 a, b** Das Gewicht des Körpers nach unten sinken lassen, mit gestreckten (**a**) und mit gebeugten (**b**) Knien. Variante: abwechslungsweise ein Bein dehnen.

## Dehnbereich Rücken

### Zu vermeiden:

Die Muskulatur der Brustwirbelsäule ist der einzige Bereich, der nicht in die Flexion gedehnt werden soll. Die Beugefähigkeit der Brustwirbelsäule soll erhalten, jedoch nicht vergrößert werden (Abb. **2.57**).

Es ist wichtig, darauf zu achten, dass die Kraftfähigkeit sowie die Stabilisationsfähigkeit der Muskulatur des Rumpfes gut gepflegt werden.

### Zu empfehlen:

Beugung, Streckung, Rotation, Seitneigung.

Für die Beugung der Wirbelsäule, speziell der Brustwirbelsäule, werden ausschließlich Mobilisationen empfohlen. Diese sollen, wie auf S. 37 beschrieben, langsam ausgeführt werden. Um die tiefen Zwischenrippenmuskeln und die tiefen Rückenmuskeln optimaler zu erreichen, empfiehlt es sich, in der maximalen Dehnintensität zu bleiben und tiefe Atmungsbewegungen auszuführen.

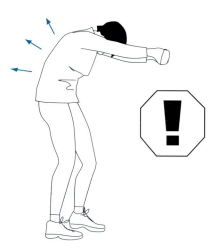

Abb. **2.57** Die Beugung der BWS wird nicht verstärkt.

### Übung 1

Alle Mobilisationen in die Beugung und in die Streckung finden in einer sicheren, abgestützten Position statt (Abb. **2.58**). Die Handstellung ist nach außen rotiert, da durch die weiterlaufende Bewegung eine nach innen rotierte Handstellung sich auf das Schultergelenk und den Oberkörper auswirken und eine umfassende Streckung der BWS bremsen würde.

Die Muskulatur entlang der Lendenwirbelsäule darf mit Vorbehalt gedehnt werden. Wir dürfen nicht vergessen, dass die Muskulatur der LWS während des Sitzens immer exzentrisch angesteuert ist. Schmerzen und Verspannungen im LWS-Bereich bedeuten nicht automatisch, dass dort die Muskulatur zu wenig beweglich ist, es könnte gut auch das Gegenteil der Fall sein und die Schmerzen können auch eine ganz andere Ursache haben.

Die Streckung der Wirbelsäule wird nach dem Walken optimal mit der Gegenbewegung zur Beugehaltung abgeschlossen (s. S. 43).

Dehnbereich Rücken

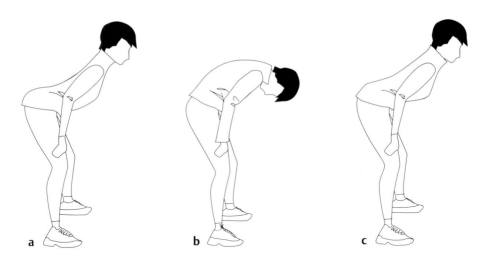

Abb. **2.58 a–c** Mobilisation der Wirbelsäule. **a** Ausgangslage: Der Oberkörper ist abgestützt, die Wirbelsäule ist in einer neutralen Position. **b** Die Wirbelsäule harmonisch beugen, das Körpergewicht abgestützt lassen. **c** Die Wirbelsäule maximal strecken, Akzent in der BWS. Am Schluss der Wiederholungen den Oberkörper in eine neutrale Position bringen und aufrichten.

## Übung 2

Bei dieser Streckung als aktiver Dehnung kann die Wahrnehmung des Dehnreizes kleiner sein als die Wahrnehmung des Krafteinsatzes im Schulter-Rücken-Bereich. Die Übung gilt als perfekte Ausgleichsübung zu Beugehaltungen (s. Kap. „Gegenbewegung zur Beugehaltung", S. 43), als Dehnungsübung hat sie eine mittlere Wirkung (Abb. **2.59**).

Abb. **2.59** Streckung als aktive Dehnung. Oberkörper in eine deutlich sichtbare Neigung nach vorn bringen. Als Abschluss können die Arme in einem Halbkreis hinten nach unten geführt werden, das vergrößert die Anteile des Brustmuskels, die gedehnt werden.

### Übung 3

**Rotation.** Die Rotationen in der BWS und in der Halswirbelsäule (HWS) sollen immer in aufrechter und stabilisierter Rumpfposition ausgeführt werden, eine gleichzeitige Beugung ist nicht empfohlen.

In die Bewegungsrichtung schauen, eine weiterlaufende Rotation in der HWS unterstützt und verstärkt die Rotation der BWS.

Die Rotation im Stehen ist im Ausfallschritt am einfachsten zu kontrollieren, da bei der Drehung zum vorderen Bein die weiterlaufende Bewegung im Hüft- und Kniegelenk gebremst wird. Der Rumpf wird in neutraler, aufrechter Haltung stabilisiert (Abb. **2.60**).

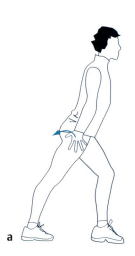 

Abb. **2.60 a, b** Rotation im Stehen. **a** Ausfallschritt. **b** Drehung zum vorderen Bein.

## Übung 4

Rotation im Stehen in einfacherer Variante (Abb. 2.61).

Abb. 2.61 a, b Rotation im Stehen, einfachere Variante. a Grätschstellung, ein Arm nach oben. b Der Blick geht hin zur geöffneten Hand.

## Übung 5

Übungsvariante mit Walking-Stöcken (Abb. 2.62).

Abb. 2.62 a–c Mobilisation der Wirbelsäule mit Nordic-Walking-Stöcken. a Ausgangslage: Der Oberkörper ist abgestützt, die Knie gebeugt, die Wirbelsäule ist in einer neutralen Position. b Die Wirbelsäule harmonisch beugen, das Körpergewicht abgestützt lassen. c Die Wirbelsäule maximal strecken, Akzent in der BWS. Am Schluss der Wiederholungen den Oberkörper in eine neutrale Position bringen und aufrichten.

## Übung 6

Bei der Variante mit den Nordic-Walking-Stöcken ist der Bewegungsweg und die Kontrolle der Armhöhe bzw. des Schultergelenks einfacher (Abb. 2.63). Werden die Schulterblätter aktiv gesenkt, kann der Dehnreiz auch auf den M. pectoralis minor wirken.

Die Schulterblattfixation kann durch ein Auseinanderziehen der Stöcke verbessert/verstärkt werden.

Abb. 2.63 Streckung der Wirbelsäule mit Nordic-Walking-Stöcken.

## Übung 7

Bei allen Seitneigungen und allen Rotationsbewegungen sollen gleichzeitige Beugebewegungen vermieden werden. Die Schulterblattfixation kann durch ein Auseinanderziehen der Stöcke verbessert/verstärkt werden.

Die Rotation in der BWS und im Hals soll aus einer neutralen stabilisierten Rumpfposition heraus ausgeführt werden. Das Becken und die Knie müssen in ihrer neutralen Position stabilisiert sein (Abb. 2.64).

a        b

Abb. 2.64 a, b Rotation in der BWS und im Hals.

Dehnbereich Rücken

## Übung 8

Die Seitneigung soll aus einer stabilisierten neutralen Position aufgebaut werden. In der Bewegung zur Seite muss die neutrale Wirbelsäulenposition aufrechterhalten werden. In der Dehnposition kann eine Verstärkung der Dehnung über das Becken erfolgen (Abb. 2.65).

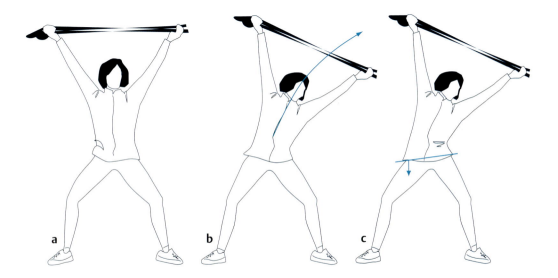

Abb. 2.65 a–c Seitneigung mit Walking-Stöcken. a, b Aus der Grätschstellung mit aufrechtem Rumpf, den Oberkörper so weit wie möglich zur Seite neigen. c Das Becken in die Gegenneigung ziehen.

PRAXIS | 2.1 Sinnvolle Nachdehnübungen für das (Nordic) Walking

## Dehnung des Schulterbereichs

Die Dehnung der Schulterblattmuskeln (Retraktoren) ist besonders effizient, wenn die Wirbelsäule nicht gleichzeitig gebeugt wird.

### Übung 1

Dehnung des Schulterbereichs ohne und mit Stock (Abb. 2.66).

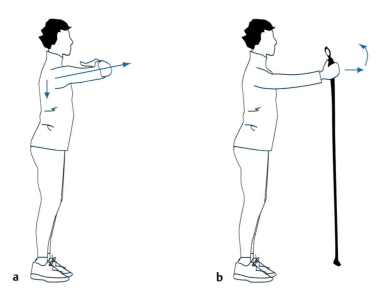

Abb. 2.66 a, b Dehnung des Schulterbereichs. **a** Die Unterarme überkreuzen, die Schultern nach vorn ziehen, anschließend einen Ellbogen abwechslungsweise Richtung Körpermitte ziehen. Mehr Zug und das Senken des Schulterblattes verstärken die Dehnung. **b** Dehnung mit Stock.

## Dehnung des Schienbeinbereichs

Die Übungen sollten nur mit Walking- oder ähnlichen Schuhen ausgeführt werden, dann sind die Zehengrundgelenke geschützt und die Dehnung im M. tibialis ist verstärkt.

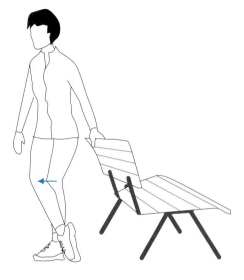

### Übung 1

Das vordere Bein muss gut überkreuzt sein, der Fuß stabil auf dem Boden stehen, dann das hintere Bein beugen. Die Intensität der Dehnung mit Druck auf die vordere Wade verstärken (Abb. 2.67).

Abb. **2.67** Dehnung des Schienbeinbereichs an einer Parkbank.

### Übung 2

Übungsvariante mit Walking-Stöcken, Ausführung wie oben beschrieben (Abb. 2. 68).

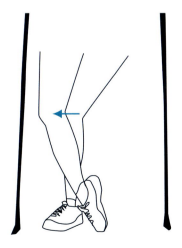

Abb. **2.68** Dehnung des Schienbeinbereichs mit Hilfe von Walking-Stöcken.

## Hand- und Fingerstrecker

Wir empfehlen, die Dehnungen des Unterarmes (Strecker und Beuger) immer in Kombination auszuführen. Auch wenn eine Unterarmverspannung (Tennisarm, Nordic-Walking-Arm) in den Handstreckern stattfindet, müssen die Beuger ebenfalls gedehnt werden. Sie sind die Hauptverursacher dieser Pathologie.

### Übung 1

Je nachdem, in welchem Winkel das Handgelenk platziert wird, rutscht die Dehnung mehr in die Fingerbeugermuskeln, deshalb empfehlen sich hier die bewegt-statischen Dehnungen besonders. Die Dehnposition über die Finger aufbauen und erst anschließend das Handgelenk einbeziehen (Abb. **2.69**).

Abb. **2.69** Übung für die Hand- und Fingerbeuger und -strecker.

### Übung 2

Weitere Übung zur Dehnung des Unterarms mit geöffneter Hand (Abb. **2.70**). Die Übung kann mit geschlossener Hand (Faust) ausgeführt werden, dann verschiebt sich die Dehnung Richtung Handgelenk sowie Hand und der Dehnreiz wird intensiver.

Abb. **2.70** Der Ellbogen bleibt gestreckt, die Hand wird nach innen rotiert und dann diagonal nach hinten und oben gezogen.

# LITERATURVERZEICHNIS

Albrecht K, Meyer S: Stretching und Beweglichkeit. Das neue Expertenhandbuch. Stuttgart: Haug; 2005.

Albrecht K: Körperhaltung. Gesunder Rücken durch richtiges Training. 2. Aufl. Stuttgart: Haug; 2006.

Mommert-Jauch P: Körperwahrnehmung und Schmerzbewältigung im Alltag. Ein Kurs-Manual für Rückenschullehrer und Übungsleiter. Berlin: Springer; 2000.

Mommert-Jauch P: Nordic Walking Manual. Aachen: Meyer & Meyer; 2005.

# Beweglich bleiben

K. Albrecht, S. Meyer

## Stretching und Beweglichkeit

Das neue Expertenhandbuch

2005, 116 S., 367 Abb., kt.
€ [D] 24,95
ISBN 10: 3-8304-7221-8
ISBN 13: 978-3-8304-7221-6

Mit diesem Buch liegt Ihnen ein umfassendes und gleichzeitig kompaktes Grundlagenwerk zum Stretching vor, das medizinisch-wissenschaftlichen wie praktischen Anforderungen in vorbildlicher Weise gerecht wird.

Im Theorieteil werden Ihnen die anatomisch-physiologischen Grundlagen der Bewegungslehre kurz und prägnant erläutert.

Im Übungsteil finden Sie klar strukturierte Stretching-Anwendungen, sichere, die Wirbelsäule schonende Basistechniken sowie eine Beschreibung von über 120 Übungen, beurteilt nach Effizienz, Stärken und Schwächen.

- Ideal bei der Prävention chronischer Beweglichkeitseinschränkungen.
- Optimal im Training zur Vorbereitung auf größere Beweglichkeitsanforderungen.

MVS Medizinverlage Stuttgart GmbH & Co. KG
Leserservice · Oswald Hesse Str. 50 · 70469 Stuttgart
Telefon 0711-8931-906, Fax 0711-8931-901
kunden.service@thieme.de · www.haug-verlag.de

star –
school for training and recreation

wo Ausbildung
Freude macht und
Karin Albrecht
persönlich unterrichtet.

star – school for training and recreation • Tel. +41 (0)44 383 55 77 •
Postadresse: Postfach 1082, 8034 Zürich • info@star-education.ch • www.star-education.ch